年齢別保育資料

0歳児のあそび

伊瀬玲奈　金元あゆみ／編著

ひかりのくに

はじめに

　0歳の子どもの生活とあそびは、生まれてはじめて触れる、はじめて見る、はじめて行なうといったことの連続です。保育者は子どもがそうした「はじめて」と出会い、関わりを深めていく過程を丁寧に捉えようと努めているのだと思います。

　本書は、子どもにとって保育者とのあそびが、楽しく喜びに満ちているものになるように、その結果として充実感や満足感を味わうことができるようにという願いをこめて執筆しました。この本に掲載したあそびはどれも保育の実践から生まれたものばかりですが、保育は子どもと保育者が創り出していくものだと思います。目の前にいる子どものために創意工夫をしながら保育に活用をしていただきたいと願っています。

　子どもの内面を理解しようと努める保育者がいることで、子どもにとって好きなこと、楽しいことがある充実した園生活になっていくように

思います。子どもは保育者がそばにいてくれることで安心します。満足するまで遊ぶことで他者のあそびを「楽しそう」と思う気持ちが芽生え、その後に「みんなと一緒も楽しいね」という場面が生まれてくるのだと思います。あそびの資料としてわらべうたや手あそび、絵本も掲載しました。これらも子どもの「はじめて」を大切にしてまずは保育者と楽しんでほしいと願っています。

　本書は国立青少年教育振興機構理事長である鈴木みゆき先生が企画をしてくださいました。また、辛抱強く本書の発行まで支えてくださったひかりのくに株式会社書籍編集部安部鷹彦様、原稿整理に尽力してくれた和洋女子大学池田純菜さん・畑野好海さんには心から御礼申し上げます。

　　　　　　　　　　　　　　執筆者を代表して　伊瀬　玲奈

本書の特長と見方

子どもの育ちを支える、あそびのヒントがたっぷり詰まった1冊です。

あそびの前に

あそびを始める前にこれだけは押さえておきたい「子どもの発達」「保育所保育指針、教育・保育要領」について紹介します。保育室のページでは、実践してみたい工夫が満載です。

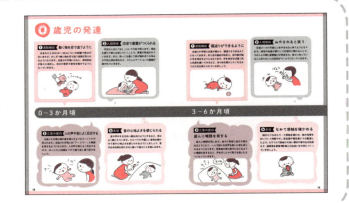

あそび

発達や季節に合わせたあそびを紹介しています。

関わりのポイント
保育者が気を付ける点や関わり方を紹介！

あそびが広がるポイント
あそびをもっと楽しくするヒントです。

季節など
実施するのにふさわしい発達の時期や季節、保育者数、準備の量がひと目で分かります。

●ふれあいあそび
保育者と子どものふれあいを大切にするあそびです。

●からだあそび
からだをいっぱい使うあそびです。

●身近な素材あそび
身の回りにある素材を使って遊びます。

●手作り玩具
身近な物で、簡単に作れる玩具です。

●自然あそび
葉っぱや風、水などに触れながら、自然を感じるあそびです。

あそびの資料

手あそびや絵本など、乳児保育に役立つ資料を紹介します。

● わらべうた・手あそび
保育者と子どもが触れ合いながら楽しめるわらべうた・手あそびです。

全体のポイント
あそびがもっと楽しくなるヒントを紹介します。

● 絵本
生活やあそびなど、ジャンルごとに分けた絵本を紹介します。

絵本からあそびへ
絵本からあそびに発展させるヒントを紹介します。

● 玩具
どの園にもおきたい、子どもたちが大好きな玩具を紹介します。

生活の工夫

あそびと切り離せない、生活についての工夫を紹介します。

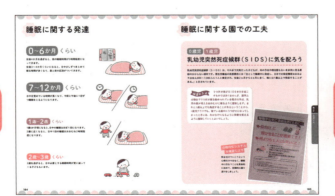

生活場面ごとの発達の様子を解説します。

着脱や排せつなどの支援について、保育の工夫を分かりやすく解説。

もくじ

はじめに ... 2
本書の特長と見方 ... 4

0歳児の発達 ... 18

知っておこう！ 保育所保育指針 ... 24
0歳がゆったり過ごせるポイント・アイディア ... 28
コンパクトな保育室 ... 30

第1章

6か月まで ふれあいあそび
見つめ合って「こんにちは」「さようなら」 ... 34
体の上を「にょきっ」 ... 35
手のひらお絵かき ... 36
足先からおなかへ「ゴー！」 ... 37

6か月まで からだあそび
手と手、足と足、いろんな所が「こんにちは」 ... 38
右から左へ「こっちだよ～」 ... 39
つかまえられるかな？ ... 40
汽車ポッポで探検 ... 41

6か月まで 身近な素材のあそび
ひもを使って「どこに止まろうかな」 ... 42
手鏡を使って「いないいないばあ！」 ... 43

6か月まで 手作り玩具
ボトルガラガラ ... 44
手を伸ばしたり眺めたり ... 45

| 6か月まで | 自然あそび |

自然の音を楽しもう … 46
風と遊ぼう … 47

第2章

| 6か月〜12か月 | ふれあいあそび |

ばいばーい … 48
いろんな声でもしも〜し … 49
何が出るかな？ … 50
おじぎしてポトッ … 51
ばあ！ … 52
にょろにょろ探検 … 53
コロコロキャッチボール … 54
ゆらゆらブランコ … 55
見えるかな？ … 56
元気にお返事「はーい」 … 57

| 6か月〜12か月 | からだあそび |

水平飛行でGO … 58
ハンモックでゆらゆら … 59
ぴょんぴょんジャンプ！ … 60
トンネルくぐり … 61
ハンカチ落とし … 62
飛行機ブーン … 63
足の体操、おいっちに！ … 64
まてまて … 65
運びまーす … 66
段ボールを押して、入って、お散歩 … 67

| 6か月〜12か月 | 身近な素材のあそび |

触って遊ぼう … 68
布で遊ぼう … 69
ミルク缶で遊ぼう … 70

もくじ

プチプチニギニギ	71
ふわふわ風船	72
クラフトテープの芯で遊ぼう	73
紙袋で遊ぼう	74
小麦粉粘土で遊ぼう	75

6か月～12か月 手作り玩具

次から次へと出てくるよ	76
ペットボトルで遊ぼう	77
くっつけてペタッ	78
ぽんぽん太鼓	79
友達カード	80
ぽっとん落とし	81

6か月～12か月 自然あそび

園庭デビュー	82
影や光と遊ぼう	83
水あそびデビュー	84
お砂崩し	85

第3章

12か月～18か月 ふれあいあそび

いもむしゴロゴロ	86
パクパク人形と遊ぼう	87
きれいにしましょ	88
診察しましょう	89
ゆらゆらストン	90
大型バスが発車しま～す	91
食べちゃうぞ！	92
まねっこあそび	93
見～つけた	94
ちょうだい、どうぞ	95
どっしりお山によじ登ろう！	96
しっぽ取り	97

12か月〜18か月 からだあそび

- でこぼこマットあそび ……………………………… 98
- ぎったんばったん …………………………………… 99
- 風船で遊ぼう ………………………………………… 100
- ゴムくぐり …………………………………………… 101
- 一緒にお散歩 ………………………………………… 102
- 踏み踏みゴロゴロ　ウォーターベッド …………… 103
- つかんで引っ張って ………………………………… 104
- 階段を上って下りて ………………………………… 105
- 手押し車 ……………………………………………… 106
- いい音パンパン！　とどくかな？ ………………… 107

12か月〜18か月 身近な素材のあそび

- 一緒にビリビリ ……………………………………… 108
- 寒天で遊ぼう ………………………………………… 109
- スズランテープで遊ぼう …………………………… 110
- 傘袋で遊ぼう ………………………………………… 111
- ビニールテープで遊ぼう …………………………… 112
- 容器で遊ぼう ………………………………………… 113
- ポンポン絵の具 ……………………………………… 114
- 靴下で遊ぼう ………………………………………… 115
- ハンカチで遊ぼう …………………………………… 116
- ホースで遊ぼう ……………………………………… 117

12か月〜18か月 手作り玩具

- 牛乳パックのイス …………………………………… 118
- くるっと回してばあ ………………………………… 119
- 入れたり出したりタワー …………………………… 120
- 積んで並べて ………………………………………… 121
- 段ボールハウス ……………………………………… 122
- ひみつ基地 …………………………………………… 123

12か月〜18か月 自然あそび

- 葉っぱで遊ぼう ……………………………………… 124
- シャボン玉をつかまえよう ………………………… 125
- 探索で宝物集め ……………………………………… 126
- 地面にお絵かき ……………………………………… 127

もくじ

第4章

18か月〜24か月 ふれあいあそび
- みんなでつながって電車あそび ……… **128**
- とびら　閉まるかな!? ……… **129**
- 『ぞうさん　くものす』ゲーム ……… **130**
- いろいろ何色？ ……… **131**

18か月〜24か月 からだあそび
- フープでアスレチック ……… **132**
- はらぺこくじらのご飯集め ……… **133**
- ぶら下がりマスター ……… **134**
- ペットボトルボウリング ……… **135**

18か月〜24か月 身近な素材のあそび
- キラキラアルミホイル ……… **136**
- 広告紙で遊ぼう ……… **137**

18か月〜24か月 手作り玩具
- 布絵本 ……… **138**
- なり切って遊ぼう！ ……… **139**

18か月〜24か月 自然あそび
- 生き物観察探検隊 ……… **140**
- 触って踏んで ……… **141**

第5章

わらべうた・手あそび
- おせんべ　やけたかな ……… **144**
- ちょちちょち　あわわ ……… **145**
- だるまさん ……… **146**
- いない　いない　ばあ ……… **147**

ゆらゆらタンタン ……………………………………… 148
1本橋こちょこちょ …………………………………… 150
あたまてんてん ………………………………………… 151
トコトコトコちゃん …………………………………… 152
いとまき ………………………………………………… 154
バスごっこ ……………………………………………… 156
あがりめ　さがりめ …………………………………… 158
ハイ！　タッチ ………………………………………… 159

第6章 あそびの資料

あそびの絵本 …………………………………………… 162
生活の絵本 ……………………………………………… 164
ふれあいの絵本 ………………………………………… 166
たべものの絵本 ………………………………………… 168
リズムの絵本 …………………………………………… 170
写真の絵本 ……………………………………………… 172

どの園にもおきたい　玩具・遊具 …………………… 174

第7章 生活の工夫

睡眠に関する発達・園での工夫 ……………………… 184
着脱に関する発達・園での工夫 ……………………… 189
清潔に関する発達・園での工夫 ……………………… 193
食事に関する発達・園での工夫 ……………………… 197
排せつに関する発達・園での工夫 …………………… 209
朝の受け入れに関する園での工夫 …………………… 214
お迎えの時間に関する園での工夫 …………………… 216
0・1・2歳児の保護者対応 …………………………… 218

子どもの興味に合わせて遊ぼう！
素材別さくいん

からだひとつで

見つめ合って「こんにちは」「さようなら」	34
汽車ポッポで探検	41
にょろにょろ探検	53
水平飛行でGO	58
ぴょんぴょんジャンプ！	60
飛行機ブーン	63
足の体操、おいっちに！	64
まてまて	65
診察しましょう	89
大型バスが発車しま〜す	91
食べちゃうぞ！	92
まねっこあそび	93
どっしりお山によじ登ろう！	96
ぎったんばったん	99
葉っぱで遊ぼう	124
とびら閉まるかな！？	129
『ぞうさん　くものす』ゲーム	130

ペットボトル・ボトルキャップ

ボトルガラガラ	44
ペットボトルで遊ぼう	77
くっつけてペタッ	78
入れたり出したりタワー	120
ペットボトルボウリング	135

ペーパー芯、テープ芯

- いろんな声でもしも〜し ……… 49
- 運びまーす ……… 66
- ポンポン絵の具 ……… 114
- 入れたり出したりタワー ……… 120

段ボール板、段ボール箱

- ばあ！ ……… 52
- トンネルくぐり ……… 61
- 段ボールを押して、入って、お散歩 ……… 67
- 触って遊ぼう ……… 68
- きれいにしましょ ……… 88
- 一緒にビリビリ ……… 108
- ビニールテープで遊ぼう ……… 112
- ポンポン絵の具 ……… 114
- 段ボールハウス ……… 122

プチプチシート

- 触って遊ぼう ……… 68
- プチプチニギニギ ……… 71

紙袋、ポリ袋

- 紙袋で遊ぼう ……… 74
- 次から次へと出てくるよ ……… 76
- 傘袋で遊ぼう ……… 111

素材別さくいん

牛乳パック

ぽんぽん太鼓	79
でこぼこマットあそび	98
一緒にお散歩	102
階段を上って下りて	105
牛乳パックのイス	118
積んで並べて	121
段ボールハウス	122

新聞紙

ぽんぽん太鼓	79
風船で遊ぼう	100
階段を上って下りて	105
一緒にビリビリ	108
牛乳パックのイス	118
段ボールハウス	122

ホース

ミルク缶で遊ぼう	70
ぽっとん落とし	81
ホースで遊ぼう	117

ボール

つかまえられるかな？	40
コロコロキャッチボール	54

マット

- 園庭デビュー …………………………… 82
- いもむしゴロゴロ ……………………… 86
- でこぼこマットあそび ………………… 98
- ゴムくぐり ……………………………… 101
- 階段を上って下りて …………………… 105
- 手押し車 ………………………………… 106
- ぶら下がりマスター …………………… 134

フープ

- ひみつ基地 ……………………………… 123
- みんなでつながって電車あそび ……… 128
- いろいろ何色？ ………………………… 131
- フープでアスレチック ………………… 132

風船

- ふわふわ風船 …………………………… 72
- 風船で遊ぼう …………………………… 100
- ペットボトルボウリング ……………… 135

人形

- 元気にお返事「はーい」………………… 57
- パクパク人形と遊ぼう ………………… 87
- 見〜つけた ……………………………… 94
- なり切って遊ぼう！ …………………… 139

素材別さくいん

ひも、縄

ひもを使って「どこに止まろうかな」	42
運びまーす	66
しっぽ取り	97
風船で遊ぼう	100
いい音パンパン！とどくかな？	107

布

触って遊ぼう	68
布で遊ぼう	69
次から次へと出てくるよ	76
はらぺこくじらのご飯集め	133

フェルト

くるっと回してばあ	119
布絵本	138

タオル、ハンカチ

体の上を「にょきっ」	35
手のひらお絵かき	36
足先からおなかへ「ゴー！」	37
手と手、足と足、いろんな所が「こんにちは」	38
右から左へ「こっちだよ～」	39
ばいばーい	48
何が出るかな？	50
おじぎしてポトッ	51
ハンモックでゆらゆら	59

ハンカチ落とし	62
きれいにしましょ	88
つかんで引っ張って	104
ハンカチで遊ぼう	116
ぶら下がりマスター	134

座布団、布団

体の上を「にょきっ」	35
手のひらお絵かき	36
足先からおなかへ「ゴー！」	37
手と手、足と足、いろんな所が「こんにちは」	38
ゆらゆらブランコ	55
ゆらゆらストン	90

鏡

手鏡を使って「いないいないばあ！」	43
影や光と遊ぼう	83

写真

見えるかな？	56
友達カード	80

歳児の発達

❶ 運動機能　動く物を目で追うように

生まれたときは20～30cmくらいの距離で焦点が合いますが、少しずつ動く物を目で追う追視が見られるようになります。生後3か月頃になると、原始反射が徐々に消失し、自分の意思で身体を動かすようになっていきます。

❷ 人間関係　応答で愛着がつくられる

不快なときに「泣く」という行為で訴えます。理由を探り丁寧に応答していくことで、愛着が形成されていきます。また、抱っこを通して肌が触れ合う心地よさや安心感を得るなど、コミュニケーションの基盤が築かれていきます。

0～3か月頃

❸ 言葉の獲得　人の声や音によく反応する

生後1か月頃は喉の奥を鳴らすようなクーイングが見られます。生後3か月頃には「アー」「ウー」と喃語を発するようになります。人の声や音によく反応するので、ゆったりと抑揚をつけて繰り返し語り掛けましょう。

❹ 表現　音の心地よさを感じられる

音や声のする方向へ顔を向けようとするなど、耳はよく聞こえています。わらべうたや優しい音色を聞かせて音の心地よさを感じられるようにしましょう。音の出る玩具を持たせると振って遊ぶことを楽しみます。

❶ 運動機能　寝返りができるように

　生後4か月頃には首が据わり、寝返りもできるようになってきます。手と目の協応が始まり、目の前の物に手を伸ばすようにもなります。手を伸ばせば届く所に玩具を置いてみるなど、自ら体を動かしたくなるような工夫を取り入れていきましょう。

❷ 人間関係　あやされると笑う

　生後3〜4か月頃にはあやされると笑うようになります。特定の他者が側にいて応答的に関わることで、その人との間に愛着関係が形成され、徐々に知っている人と知らない人の区別がつくようになっていきます。

3〜6か月頃

❸ 言葉の獲得
盛んに喃語を発する

　盛んに喃語を発します。徐々に母音に加え子音も出るようになり、一人で様々な発声を楽しむ姿も見られるようになります。保育者の語り掛けに応じるように喃語を発するなど、声を介したやり取りを楽しむようになっていきます。

❹ 表現　なめて感触を確かめる

　触れたりなめたりして感触を確かめ、物の性質を知っていく時期です。安全面や衛生面に十分配慮した上で、カラフルで肌触りの良い素材や音の出る玩具など、諸感覚を刺激する物との出会いを大切につくっていきましょう。

0歳児の発達

6〜9か月頃

❶ 運動機能　お座りが安定してくる

生後7〜8か月頃になるとお座りが安定し、生後8〜9か月頃はハイハイもできるようになってきます。短期記憶もできるようになり、目の前で物を隠したり見せたりするあそびも好みます。安全面に配慮しつつ探索の喜びを味わえるような環境を工夫しましょう。

❷ 人間関係　人見知りが始まる

個人差はありますが、見知らぬ人に対して強い不安を示す「人見知り」が顕著になります。愛着対象者が側で見守り「安全基地」になることで、徐々に安心して外の世界に関わりを広げられるようになっていきます。

❸ 言葉の獲得　マンマンなど音を反復する

声の強弱や高低などをつけて受け答えをするようになります。また「マンマンマン…」のように音を反復して発するようになります。「ワンワンいたね」など音の反復を用いて語り掛けると、言葉への感覚が育っていきます。

❹ 表現　物をつかめるようになる

親指が開くようになり、物をわしづかみでつかんだり離したりできるようになってきます。握りやすい大きさの玩具や感触を楽しめる素材を用意して、触覚を刺激しましょう。物への興味や手指の発達、感性の育ちにつながっていきます。

❶ 運動機能　つかまり立ちや伝い歩き

生後9〜10か月頃になるとつかまり立ちや伝い歩きも見られるようになります。また、2本の指で物をつまむこともできるようになります。いろいろな場所へ移動して、物を入れたり出したりするあそびが大好きな頃なので、あそびが充実する環境を整えましょう。

❷ 人間関係　他者と視線を共有する

生後10か月頃になると指さしを通して他者と視線を共有する共同注視が見られるようになります。人の動作に関心をもって盛んに模倣する頃でもあるので、言葉や動作を取り入れたやり取りを通して人と関わる楽しさが味わえるようにしましょう。

9〜12か月頃

❸ 言葉の獲得
マンマなどの言葉を発するように

自分の名前を呼ばれると手を挙げたり振り向いたりして反応します。徐々に「マンマ」など意味のある言葉（初語）を発するようになります。乳児の伝えたいことを言葉にして返したり、乳児の言葉を補ったりして、伝える喜びを感じられるようにしましょう。

❹ 表現　身体を揺らして楽しむ

正確なリズムを取ることはまだ難しいですが、歌や音楽のリズムにのって身体を揺らしたり、音の出る玩具を使って音を鳴らすのを楽しんだりするようになってきます。音の違いを楽しめる玩具を用意したり、保育者が見本を見せたりしてあそびを支えましょう。

0 歳児の発達

❶ 運動機能　一人歩きができるように

1歳を過ぎる頃から一人歩きができるようになります。手指操作も巧みになり、つまむ、めくるなど微細な動きができるようになります。自分で移動できる喜びや好奇心から行動範囲も更に広がります。事故防止とともに子どもの喜びを十分に保障していきましょう。

❷ 人間関係　他児に関心を示す

一人あそびを楽しむ中で、他児に関心を示しながら遊ぶようになります。自我が芽生え、自己主張することも増えてきます。自分という存在を認識し育っている大切な姿なので、気持ちを受け止めながら関わるようにしましょう。

1歳～1歳半頃（12～18か月頃）

❸ 言葉の獲得　一語文を発する

「ワンワン」などの一語文を発することが増えてきます。簡単な言葉であれば意味を理解できるようにもなります。言葉を添えて関わることで、動作と言葉、物と名前が結びついていき、言葉への興味が高まっていきます。

❹ 表現　なぐり描きができる

クレヨンを持つとなぐり描きができるようになります。また、物に働き掛けてその性質を確かめながら一人あそびを楽しみ、主体的に物と対話しながら集中力や創造力、思考力を育んでいます。興味のある素材や玩具は揃えておくなど環境を整えていきましょう。

❶ 運動機能　段差の上り下りができる

　1歳後半になると小走りや段差の上り下りなどもできるようになってきます。障害物をまたいだり方向転換して避けたりする歩行も可能になります。また、積み木を崩さないように3〜5個積むなど力を調節しながら遊べるようになってきます。

❷ 人間関係　自己主張が強くなる

　自我が育ち、自己主張も強くなってきます。また、自分の物と人の物との区別ができ始める頃です。物の取り合いも増えてきますので、双方の子どもの思いを受け止め、代弁したり提案したりするなどして丁寧に関わり方を伝えていきましょう。

1歳半〜2歳頃（18〜24か月頃）

❸ 言葉の獲得
簡単な問い掛けを理解する

　簡単な問い掛けを理解し、言葉や指さしなどで応じるようになります。言葉への興味が増し、いろいろな物の名前を知りたがります。語彙数が増え、徐々に「ワンワン、いた」などの二語文を発するようになっていきます。

❹ 表現　曲線や点を描けるように

　1歳前半は直線の往復だったなぐり描きが、1歳後半になるとぐるぐるとした曲線や点を描けるようになってきます。音感やリズム感もついてきて、保育者の歌や動作をまねながら手あそびを楽しみ、部分的に身振りをつけて歌う姿も見られるようになっていきます。

知っておこう！
保育所保育指針
（幼保連携型認定こども園 教育・保育要領）

0・1・2歳児の保育で重要なこと

　3歳未満の乳児期は、身近な人や環境との関わり合いの中で、その後の成長の土台となる心と身体を育てていく極めて重要な時期です。こうした重要性を踏まえ、2018年施行の保育所保育指針、幼保連携型認定こども園教育・保育要領では、それ以前のものと比較して乳児保育の記載が充実しています。乳児期から学びの芽が育まれていることを念頭において、養護的な側面と教育的な側面を一体的に営んでいくことが求められます。

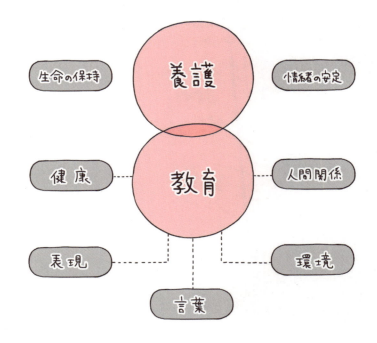

養護について

　子どもの心身の健やかな育ちには、生理的欲求が満たされ、愛情に包まれて安心して過ごせるようにする「養護」が基本となります。そのため、保育における養護では、子どもの生命の保持と情緒の安定を図ることが求められています。ここでの「生命の保持」と「情緒の安定」は切り離せるものではなく、相まって展開されます。単に身の回りの世話をするだけではなく、心地よさや安心感を得られるようにすることが重要です。

乳児保育（0歳児）の３つの視点

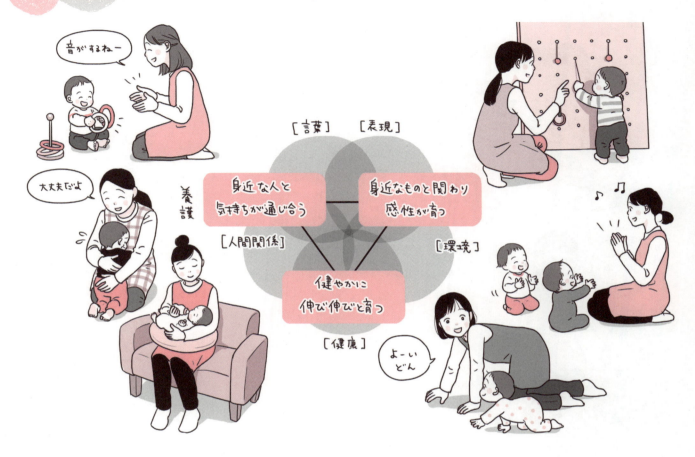

　0歳児は発達が未分化な状態であることから、5領域につながっていく「3つの視点」で保育のねらいと内容が示されています。

　1つ目は、「健やかに伸び伸びと育つ」という身体的発達に関する視点です。個々の発育に応じて、あそびの中で十分に身体を動かす機会を保障していきましょう。その際、心と身体の健康はつながっていることに留意し、身体を動かす心地よさや喜びを感じられるようにしていくことが大切です。そうした経験を重ねる中で自ら身体を動かす意欲が育まれていきます。

　2つ目は「身近な人と気持ちが通じ合う」という社会的発達に関する視点です。初めて人との関わりをもつこの時期に、保育者が受容的・応答的に関わることで、人への信頼感が育まれていきます。また、自己を受け止めてもらえる安心感を得る中で、自分の感情を様々な表現で伝えようとします。乳児の表現から訴えを探り、受け止め、丁寧に応えていくことで、人への信頼感が深まり、自分を肯定する気持ちも育っていきます。

　3つ目は「身近なものと関わり感性が育つ」という精神的発達に関する視点です。周囲の様々な環境と出会い触れ合う中で、好奇心や諸感覚が刺激されます。遊びや生活の中で、色、手触り、音、形といった多様な環境と出会えるよう工夫しましょう。環境と対話しながら、多様な働き掛けを試みることができるよう援助していきます。乳児の感じていることに心を寄せ、楽しさを共有する中で、表現が豊かになっていきます。

　これらの3つの視点は、養護と一体的に展開され、各視点も互いに関連し合っています。

1歳以上3歳未満児の5領域

　1歳以上3歳未満児から、健康・人間関係・環境・言葉・表現という5領域による保育のねらいと内容が示されています。しかし、この時期の発達の特性に合わせた内容となっているため、3歳以上児の5領域とは違いがあります。発達の連続性を意識して、0歳児の保育における「3つの視点」と、3歳以上児の保育における「5領域」と関連し合いながら保育を展開していくことが求められます。

　例えば、この時期の発達の特性として、自我の芽生え・育ちが挙げられます。心身の発達に伴い自分でできることが増えてくるこの時期は、「自分でできる喜び」や「自分でやってみたい意欲」に満ちています。この喜びや意欲を十分に受け止め、支えていくことがこの時期の保育として重要となります。

　また、多様な人との関わりが生まれてくる時期でもあります。特定の保育者との一対一の関係から、他の保育者や他児へと関わりが広がっていきます。周囲の人の存在に気付き、自分とは異なる存在としての認識も徐々に芽生えてくる頃です。人に関心をもち、やり取りや模倣を繰り返したり、時にはトラブルなども経験したりしながら、人と一緒に過ごす心地よさを感じられるよう援助していきましょう。

　こうした発達の特性を踏まえ、5つの視点から子どもの育ちを捉えていきます。なお、この時期の育ちの土台には、人への信頼感や愛着関係、自己を表現できる安心感がしっかりと育っていることが重要です。したがって、養護の側面との重なりや一体性を念頭において保育を展開していきましょう。

健康・食育・安全について

　子どもの健康と安全の確保は、保育の基本となります。子どもの発育・健康状態をこまめに把握し記録すること、アレルギー疾患を有する子どもへの対応を把握し共有すること、食を営む力の基礎を育むための食育計画を日常生活と関連させて作成し実施すること、事故防止や疾病予防の体制・内容を整えていくこと、様々な災害を想定した対策を工夫することなど、子どもが健康で安全に生活するために必要なことについて、保育所内外と共有・連携していくことが求められます。

資質・能力、10の姿について

　2018年施行の保育所保育指針、幼保連携型認定こども園教育・保育要領では、生きる力の基礎を培うために育みたい資質・能力として3つの柱が示され、それを具体化した姿として「幼児期の終わりまでに育ってほしい姿」が10項目記載されています。この10項目は、子どもの育とうとしている姿を見とる手立てとして保育の省察や小学校との連携に生かしていくものであり、到達目標ではないことに注意しましょう。あくまでも、保育内容に示されるねらいに基づいて、乳児期からの保育を丁寧に積み重ねていくことが重要です。

0歳がゆったり過ごせるポイント・アイディア

1 ちょっとひと工夫（入り口）
家庭的な雰囲気作りは戸の開け閉めから！

保育室の入り口は何度開け閉めされているでしょうか。バタン・ガラガラと意識せずに開け閉めをすると、子どもたちが開け閉めのたびに振り返り、落ち着かない雰囲気になってしまうこともあります。

2 動線・目線ポイント（入り口）
子どもが保育室に入ったらどんなあそびが目に入るのか確認してみよう

保育室に戻ったときに、子どもたちが好きな場、好きなあそびを選択できるように、教材をどの位置に置くとよいのか、子どもの目線から見える保育室の様子を確認してみましょう。そして実際に子どもたちの動線を見ながら適宜修正をしていきましょう。

3 動線ポイント（あそびスペース）
あそびの質を考えて環境を整えよう

往来が少なく落ち着いて遊ぶことができるスペース、伸び伸び体を動かして遊ぶことができるスペースなど、あそびの質を考えて環境をつくるようにしましょう。

4 ゆったり保育のポイント
ゆったりとしたコーナーづくりには、仕切りが大活躍！

保育室と家庭との大きな違いは空間の広さです。広すぎると落ち着かない場合もあります。あそびをゆったりと楽しむには、段ボールや牛乳パックなどで作った仕切りで、コーナーをつくるとよいでしょう。

12 ちょっとひと工夫（あそびスペース）
棚の玩具は少なめに

子どもにとっては玩具を集めたり、持ち歩いたりするのもあそびです。保育室に玩具が散らかるときには、子どもの手が届く所に置く量を少なめにして、保育者が管理する場所に残りの玩具を置いておくとよいでしょう。

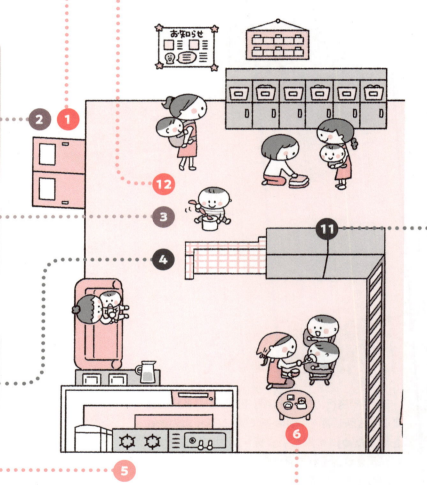

5 安全のポイント（食事スペース）
授乳・離乳・アレルギー情報を掲示！

一人ひとりの授乳・食事の時間と、哺乳量・離乳の段階が分かる表を作成しましょう。また、アレルギーの子どもが在籍している場合は、献立、アレルギー食材など、誤食を防ぐための情報は保育室の中でも1か所にまとめるとよいでしょう。同時に個人情報にも配慮する必要があります。保護者からは見えにくく、保育者は確認しやすい位置を探しましょう。

6 ちょっとひと工夫（食事スペース）
食事中に立ち歩かなくてもよいように位置＆必要物品を確認！

食事をする子どもの側に保育者が座り、子ども一人ひとりに適切な援助をするのが理想です。食事中に保育者が何度も立ち歩かなくてもよいように、保育者の手元に必要な物品を用意したり、おかわりの食事を置く位置なども、「どの位置がいいかしら」と保育者間で確認しましょう。

0歳児は月齢によって生活のリズムが大きく異なります。一人ひとりが気持ちよく、安心して過ごせる保育室づくりをしましょう。

| 11 | ゆったり保育のポイント |

玩具は子どもが出し入れしやすい位置に！

玩具入れは、物やあそびへの興味・関心・意欲を引き出せるように、子どもが手を伸ばすと取り出せる位置に設置しましょう。

| 10 | ちょっと一工夫（着脱・排せつ） |

着替えやおむつ替えは見えない配慮を

衣服の着脱やおむつ替えのときには、出入りする保護者や他の子どもからの視線をできるだけ遮ることができるように、仕切りやついたてを利用しましょう。

| 9 | ゆったり保育のポイント |

絵本コーナーはゆったり空間に！

保育者が抱っこしてゆっくりと絵本を読んであげられるように、じゅうたんを敷き、クッションも用意しておくとよいでしょう。手作りの本棚などで、表紙が見えるように絵本を置くと、子どもが好きな絵本を見つけやすくなります。また年度当初は、歩行前の低月齢の子どもたちがゆっくりと遊べるスペースとしても使えるので、保育が落ち着いたものになります。

| 8 | 動線・目線ポイント |

睡眠スペースも見渡せる位置に！

保育者が、寝ている子どもの姿を見守ることのできる位置に、睡眠スペースを設置するとよいでしょう。

| 7 | ちょっとひと工夫（あそびスペース） |

子どもの体勢を考えて環境づくりを

月齢によって遊ぶときの体勢が変わります。日に何度も睡眠をとる時期の子どもが目覚めている時間に過ごすスペースと、ハイハイや歩行ができるようになった子どもが過ごすスペースを意識して玩具を分けて置くようにしましょう。また、寝て遊ぶスペースは、子どもがあおむけの姿勢でも、照明や自然光でまぶしすぎない位置を選ぶようにしましょう。

コンパクトな保育室

コンパクトな空間で「遊ぶ」「食べる」「寝る」を、
少しでも子どもが心地よくできるように工夫を重ねている保育室の工夫をまとめました。

あそびと生活が並行できるように 子どもも保育者も 同じ動きを避けて

みんなで「いただきます」、「さぁ寝ましょう」という一斉的な保育形態から、活動のはじまりと終わりが重なり合う、可能な範囲で個人差に応じた保育に挑戦してみませんか。コンパクトな保育室でも工夫をすれば十分実現可能です。

生活場面をゆったりと行ないたいと思ったら、遠回りに感じてもあそび空間の充実が最優先。好きなあそびをしていると、もっと遊びたいという気持ちが刺激されて、あそびに夢中になり、その結果時間差が生じてきます。この時間差を利用して、個別的な関わりを増やしていきましょう。

壁や家具を利用して あそび空間に

コンパクトな保育室の床面積は限られています。そんなときには、家具の側面、裏面や壁など、あらゆる面を使って、あそびの場をつくり出していきましょう。

例えば、絵本を入れたウォールポケット、貼ったりはがしたりするあそびができるタペストリーを壁に掛けます。子どもが引っ張っても簡単にはずれてしまわないように、つるしたり、取り付けたりすると保育者もバタバタすることなく遊ぶことができます。

「いつでも遊べる」スペースを

　おやつや昼食のためにテーブルを出したり、お昼寝の時間には保育室いっぱいに布団やコットを敷いたりすると、どうしても遊ぶ空間が狭くなります。でも、あそび道具を全部片付けてしまうと、食後すぐに眠くならない子どもや、早く目覚めた子どもはどう過ごしたらよいのでしょうか。あそび道具が入ったカゴや壁面を利用した、「いつでも遊んでいいよ」という空間を少しでもよいので残しておくことが、少しでも無理強いを減らし、一人ひとりの生活リズムを大切にできるきっかけになっていきます。

体を動かして遊ぶスペースを

　コンパクトな保育室だからこそ、子どもたちが体を動かして遊ぶことができるあそび道具があるとよいでしょう。しかし、空間と保育者の人数は限られていますから、何でもよいというわけにはいきません。仕切りなどを用意して場所をつくるとよいでしょう。保育者がずっと側についていなくてはケガや子ども同士のトラブルが心配というものではなく、保育者は見守ることができる高さ、広さ、モノであること、お昼寝の時間などには保育者1人で簡単に移動できるといった可動性があると便利です。例えば、不要な布団をくるくると巻いたお手製丸型の長いクッション、布団や座布団、ジュースパックで作った枠などがおすすめです。

0か月〜24か月の あそび

第1章	0か月〜6か月 …… p.34〜p.47
第2章	6か月〜12か月 …… p.48〜p.85
第3章	12か月〜18か月 …… p.86〜p.127
第4章	18か月〜24か月 …… p.128〜p.141

ふれあいあそび

保育者とふれあって遊ぶことを通して、子どもは保育者への信頼を寄せ、園が安心できる好きな場所へと変わっていきます。

この園では無理と諦めないでください。一人ひとりと関わる時間は短くても大丈夫！ 笑顔あふれる楽しい時間であれば短くても子どもにとっても幸せな時間になります。

からだあそび

0歳児クラスの1年間は、からだを動かすということが日ごとに変化していきます。この時期の子どもにとっては、保育者とともに、または見守られながら遊ぶ中で、楽しさを感じ、気付いたらいろいろからだを動かしているというのが理想です。子どもの育ちを捉えながら、いろいろなあそびに挑戦してみましょう。

身近な素材のあそび

保育者にとってはなじみのある素材も、子どもにとっては初めて出会うもの、扱い慣れないものが多いでしょう。子どもが手を伸ばす、触れる、いじる・・・それらすべてがあそびです。一人ひとりの素材との出会いやあそびが変化していく様子を、じっくりと捉えていきましょう。

手作り玩具

幼い子どもたちの発達に合わせた、丈夫で衛生的な手作りの玩具を作成しないと、長い時間園で過ごす子どもたちのあそびを支えることが難しいのが現状です。教材研究や準備は保育者の専門性の向上につながりますから、目の前の子どもたちの育ちを捉えながら、子どもたちが楽しめる玩具を作りましょう。

自然あそび

自然とは、植物だけではなく水、風、光なども含むと考えると、子どもがふれる自然は戸外とは限りません。保育者が自然に目を向けて、保育に積極的に取り入れようとすることが大切です。自然物の種類と季節を意識して、保育を彩りましょう。

第1章　6か月まで　ふれあいあそび

見つめ合って「こんにちは」「さようなら」

季節	保育者数	準備
いつでも	一人から	なし

用意するもの
● なし

準備しておくこと
● なし

3つの視点をCheck!
言葉　表現
身近な人と気持ちが通じ合う／身近なものと関わり感性が育つ
人間関係　環境
健やかに伸び伸びと育つ
養護
健康

遊び方

1 顔を近づける

「こんにちは〜」と優しく語り掛けながら顔を近づけましょう。

関わりのポイント
生後間もない頃は、一点を固定して注視し、視野も狭いです。子どもの顔の中心部（目の前）でゆっくりと動かしましょう。こうした関わりを通して、人への興味が育まれていきます。

2 顔を遠ざける

「さようなら〜」とゆっくり顔を遠ざけます。何度か繰り返しましょう。

関わりのポイント
生後1か月頃から30cm程度の距離で焦点が合います。抱っこして授乳するときの距離を目安にして、近づいたり遠ざかったりしましょう。

あそびが広がるポイント
名前を呼びながら人形をゆっくりと動かしてみましょう。原色の布（ひらひら振る）や靴下（手にかぶせて）を使っても遊べます。

体の上を「にょきっ」

季節	保育者数	準備
いつでも	一人から	なし

用意するもの
- タオルまたは座布団

準備しておくこと
- なし

3つの視点を Check!

遊び方

1 親指と人さし指で体を移動する

関わりのポイント あおむけ、うつ伏せ、お座り、保育者の膝に座らせているときなど、どのような姿勢でも行なえます。

親指と人さし指で「にょきっ」と言いながらイモムシをはわせるように動かし、子どもの体を移動します。

2 軽く体をつまむ

「パックン」と言いながら軽く子どもの体をつまみます。

3 全ての指を使って動かす

子どもの顔やおなかを全ての指を使って「パクパクパク…」と勢いよく動かしても喜びます。

関わりのポイント 子どもが指の動きを追えるよう、視界に入る距離から始めて徐々に近づいていきましょう。

あそびが広がるポイント

人さし指と中指（チョキの2本）で「お散歩し〜ましょ。テクテクテク…」と歩くように子どもの体をはわせても楽しめます。体の起伏を「よいしょ、よいしょ」と登ったり、降りたり、速さやリズムを変えたりしてみましょう。指サックや手袋に目を付けると楽しめます。

第1章　6か月まで　ふれあいあそび

手のひらお絵かき

季節	保育者数	準備
いつでも	一人から	なし

用意するもの
- タオルまたは座布団

準備しておくこと
- なし

3つの視点をCheck!
言葉／表現／環境／人間関係／健康
身近な人と気持ちが通じ合う
身近なものと関わり感性が育つ
健やかに伸び伸びと育つ
養護

遊び方

1 保育者の指で、手のひらにお絵描きをする

寝ている子どもの手のひらに保育者の指でお絵描きをして遊びます。

関わりのポイント
あおむけで寝ている姿勢のときは、優しく子どもの手を開いて行ないましょう。

2 膝の上に座らせて、手のひらにお絵描きをする

まる描いてちょん！

「うずまき、うずまき、ぐるぐるぐる〜」と円を描いたり、「まる描いてちょん」と円を描いてつついたりしてみましょう。

関わりのポイント
保育者の膝の上に、同じ方向を向くように子どもを座らせて行なうと無理のない姿勢で遊べます。

あそびが広がるポイント
子どもが保育者の指をぎゅっと握ったら「あくしゅ」と振ってみたり、「つかまった〜」と逃げようとしたり、子どもの反応に合わせて楽しみましょう。

あくしゅ

足先からおなかへ「ゴー！」

季節	保育者数	準備
いつでも	一人から	なし

用意するもの
● タオルまたは座布団

準備しておくこと
● なし

3つの視点をCheck!

遊び方

1 足の指をつまむ

「いーち」

あおむけに子どもを寝かせて、「いーち」と言いながら足の指をつまみます。

2 足首、太もも、おしりの順で触る

「にーい」「さーん」「しーい」

「にーい」で足首、「さーん」で太もも、「しーい」でおしりを触ります。

関わりのポイント
生後4～5か月頃になると、キャッキャッと声を出して笑い、保育者の働き掛けに応えるようになってきます。たくさん触れ合って人と関わる楽しさを味わえるようにしましょう。

3 おなかをくすぐる

「ごー！！」

「ごー！！」でおなかをくすぐります。

関わりのポイント
子どもの反応を見ながら、「ごー！！」の前に少し間をおいたり、声を徐々に大きくしたりするなど、期待感が膨らむよう工夫してみましょう。

あそびが広がるポイント

わらべうた『いちりにり』のアレンジです。知っている歌をうたいながらでも楽しいですし、「もしもし」「こんにちは」という挨拶や「○○ちゃん」などの語り掛けでも遊べます。

第1章　6か月まで　からだあそび

手と手、足と足、いろんな所が「こんにちは」

季節	保育者数	準備
いつでも	一人から	なし

用意するもの
- タオルまたは座布団

準備しておくこと
- なし

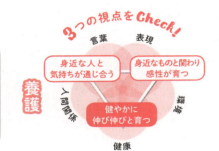

3つの視点をCheck!
言葉　表現
身近な人と気持ちが通じ合う　身近なものと関わり感性が育つ
健やかに伸び伸びと育つ
養護　人間関係　環境　健康

遊び方

1 両手を持って手のひらを合わせる

関わりのポイント
体の部位が合わさる感覚に興味をもち、次第に自分の体で遊ぶようになっていきます。

両手を持って「おててとおててが…こんにちは〜」と手のひらを合わせます。

2 両手を持ってお腹に触れる

関わりのポイント
子どもが安心できるように、ゆっくりとリズムをつけ、やさしく語り掛けながら行ないましょう。

「お腹のいい音聞かせてね。ポンポコポン…」とリズムをつけておなかと手を優しく合わせましょう。

3 両足を持ってこすったり、ポンポンと合わせたりする

両足を持って「あんよとあんよが…こんにちは〜」と足裏をこすり合わせたり、足裏同士をポンポンと合わせたりします。

関わりのポイント
子どもの手や足は優しく持ち、引っ張らないように気を付けましょう。

あそびが広がるポイント
子どもが一人で同じ動きをしたら、動きに合わせて「おててパチパチ」「ポンポコポン」など言葉を添えてみましょう。語り掛けられる心地よさを感じながら、繰り返し動きを楽しむようになっていきます。

右から左へ「こっちだよ〜」

季節	保育者数	準備
いつでも	一人から	なし

用意するもの
- タオルもしくは座布団、ガラガラなどの玩具

準備しておくこと
- なし

遊び方

1 顔の横で玩具を見せる

あおむけに寝ている子どもの顔の横からガラガラなどの玩具を見せます。

2 玩具をゆっくりと顔の前で動かす

子どもが興味をもって手を伸ばしたら、玩具をゆっくりと顔の前で動かし、子どもの顔の反対側まで移動させます。

3 体をひねる方向に玩具を動かす

子どもが玩具をつかもうと手を伸ばしたり、体をひねろうとしたりする様子を応援しましょう。

関わりのポイント
腰をひねるのが難しそうな場合は、腰を支えたり両足を交差させたりしてみましょう。

4 寝返りができたら喜ぶ

あそびが広がるポイント
寝返りができるようになり、うつ伏せ姿勢に慣れてきたら、少し離れた所に玩具を置いてみましょう。腕や足の力を使ったずりばいを促すあそびに発展していきます。

第1章　6か月まで　からだあそび

つかまえられるかな？

季節	保育者数	準備
いつでも	一人から	なし

用意するもの
- ボール（心地よい感触の柔らかい布の玩具や鈴の入っている物がおすすめ）

準備しておくこと
- なし

3つの視点をCheck!

遊び方

目の前でボールを左右に転がす

うつ伏せのとき、「コ〜ロコ〜ロ」と歌いながら、子どもの目の前でボールを左右にゆっくり転がしましょう。子どもが腹ばいで手を伸ばしてボールを取れたら、「やったあ」と一緒に喜びましょう。

関わりのポイント
目で見た物を取ろうと手を伸ばし、手に持って遊ぶことが多くなってきます。うつ伏せで上体を起こし手を動かすことで、姿勢を支える力もついていきます。

関わりのポイント
生後5〜6か月頃になると、手のひらで体を支え、左右に顔を向けられるようになってきます。

関わりのポイント
コロコロと転がる様子を眺めて楽しんでいるときは、無理に手に取らせようとせず、一緒に玩具の動きを楽しみましょう。

あそびが広がるポイント

「手に取ってみたい」と思えるような玩具を工夫してみましょう。「玩具の動きが楽しい」から「手に取ってみたい」という意欲が生まれ、体を動かして玩具を取る挑戦へとつながっていきます。持って遊べる玩具を工夫すると、その喜びも高まります。

汽車ポッポで探検

季節	保育者数	準備
いつでも	一人から	なし

用意するもの
● なし

準備しておくこと
● なし

3つの視点をCheck!

養護／言葉／表現／人間関係／環境／健康
- 身近な人と気持ちが通じ合う
- 身近なものと関わり感性が育つ
- 健やかに伸び伸びと育つ

遊び方

1 太ももの上に寝かせる

関わりのポイント うつ伏せ姿勢で頭を上げられるようになる生後5〜6か月頃に行なうと、視界や視線の変化を楽しめます。

保育者は三角座りをします。子どもをうつ伏せにして太ももの上に寝かせましょう。

2 おしりをずらしながら移動する

関わりのポイント 子どもが上体を起こしたら落ちないよう、様子を見て片手で支えましょう。

保育者はおしりをずらしながら移動します。「シュッポ、シュッポ」とリズムをつけましょう。

3 回転したり、左右に揺すったりする

関わりのポイント 動きのリズムに合わせた擬音語を添えたり、ことばがけをしたりすることで安心感や心地よさを抱きます。視線や視界の変化を楽しむ中で、自ら体を動かす意欲も育まれていきます。

そのままおしりを起点に「回りまーす」とクルっとゆっくり回転したり、「ガタガタ道で〜す」と上下左右に優しく揺すったりしましょう。

4 「到着でーす」と足を伸ばす

あそびが広がるポイント
「坂道で〜す」と子どもの脇を両手で支えて、三角座りの保育者の膝を滑らせるなどしても楽しめます。

第1章　6か月まで　身近な素材のあそび

ひもを使って「どこに止まろうかな」

季節	保育者数	準備
いつでも	一人から	かんたん

用意するもの
- カラフルなひも

準備しておくこと
- ひもの下部に結び目をつけておきます。
- ひもだけでも楽しめますが、鈴や小さな人形などを付けてもよいでしょう。

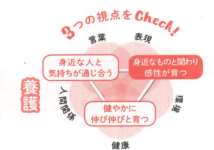
3つの視点をCheck!

遊び方

1 顔の前でひもを揺らす

関わりのポイント
動く物やゆっくりした上下の動きも目で追えるようになる生後3か月頃から楽しめます。

子どもの顔の前でひもをひらひらと上下に揺すったり、ゆらゆら左右に揺らしたりしながらゆっくりと移動させます。

2 語り掛ける

関わりのポイント
子どもの追視の動きを確認しながら、リズミカルにひもを動かし、ゆっくりと動かす範囲を広げます。

「ひらひら、ゆらゆら、どーこに止まろかな」と歌うように語り掛けましょう。

3 ひもで鼻などに触れる

「こーこに止まろ」「見ーつけた」などと言って子どもの鼻の上に載せたり、ほっぺをなでたりしてみましょう。

4 体の様々な部位に触れる

あそびが広がるポイント
時々動きを止めたり、動かし方を変えたりしてみましょう。動く物を手で触ろうとするようになり、手を使う準備が整ってきます。

手鏡を使って「いないいないばあ！」

季節	保育者数	準備
いつでも	一人から	なし

用意するもの
● 手鏡

準備しておくこと
● なし

3つの視点をCheck!
養護
- 身近な人と気持ちが通じ合う（言葉・人間関係）
- 身近なものと関わり感性が育つ（表現・環境）
- 健やかに伸び伸びと育つ（健康）

遊び方

1 手鏡の裏を見せる

「いないいない…」と言いながら子どもの顔の前で手鏡の裏を見せます。

2 手鏡をまわし、鏡面を見せる

「ばあ！」と言って手鏡をクルッと回し、鏡の面を見せましょう。

関わりのポイント
鏡に映った自分の像をじっと見つめたり、ほほえんだりする姿が見られたら、「だ〜れだ？」「○○ちゃん、いたね」など興味を共有することばがけをしましょう。

あそびが広がるポイント
タオルやハンカチを使って、子どもの顔を隠して行なっても楽しめます。繰り返し行なうと、「ばあ」の声に合わせて布を自分の手で取る姿も見られるようになります。

第1章 6か月まで 身近な素材のあそび

第1章　6か月まで　手作り玩具

ボトルガラガラ

季節	保育者数	準備
いつでも	一人から	かんたん

用意するもの
- 100mℓ、250mℓの透明のペットボトル、ビーズ（ドングリや豆などでも）、カラーセロハン、テープ

準備しておくこと
- ペットボトルの中にビーズやカラーセロハン、ドングリや豆などを入れて蓋をし、テープで固定します。

3つの視点をCheck!
養護／言葉／表現／人間関係／環境／健康
- 身近な人と気持ちが通じ合う
- 身近なものと関わり感性が育つ
- 健やかに伸び伸びと育つ

遊び方

振ったり、転がしたりして遊ぶ

手に持って、ガラガラ、カサカサという音を楽しんだり、目の前で転がして見せ、目や手での追いかけっこを楽しみます。

関わりのポイント
振ったり転がしたりしたときの中身の変化を目で楽しむことができます。カラフルで動きのある物を入れましょう。

関わりのポイント
蓋が外れて中身の誤飲につながらないよう、テープや接着剤などでしっかりと固定しましょう。

関わりのポイント
どの時期でも楽しむことができるあそびです。月齢が低い時期は保育者が振って音を聞かせて遊びましょう。次第に物や音への関心が育っていきます。

あそびが広がるポイント
子どもの発達に合わせて、ペットボトルの大きさや中身を変えてみましょう。音の違いを楽しめます。
複数並べて、ボウリングのピンに見立て、ボールを転がして倒すあそびにも用いることができます。

手を伸ばしたり眺めたり

季節	保育者数	準備
いつでも	一人から	かんたん

用意するもの
- ビーチボール、ゴム、鈴

準備しておくこと
- 天井や壁、ベッド柵にゴム・鈴をつけたビーチボールをつるします。

遊び方

眺めたり、捕まえたりして遊ぶ

天井や壁、ベッド柵につるしたビーチボールを目で追ったり、捕まえたりして遊びます。

関わりのポイント
寝ているときに足をバタバタさせたり、手を動かしたときにボールが動くので喜びます。

関わりのポイント
お座りができるようになるとボールをたたいたり、引っ張ったりと手の動きを促すあそびです。

関わりのポイント
ボールにゴムが付いていて同じ位置に戻ってくるので、一人でも繰り返し遊べます。

あそびが広がるポイント
つるしているひもに鈴を付けると、ボールが動くたびに音が出るので楽しいです。
ビーチボールの他に風船（ビニールテープを巻くと強度が増します）でも代用できます。

第1章　6か月まで　自然あそび

自然の音を楽しもう

季節	保育者数	準備
いつでも	一人から	かんたん

用意するもの
● ベビーカー、散歩に必要な物

準備しておくこと
● 散歩のルートや目的地の下見をしておきましょう。

3つの視点をCheck!

遊び方

自然の豊かな公園などに散歩に出掛ける

鳥のさえずりや木々が風に揺れる音、小川のせせらぎなど、自然の音に耳を澄ませます。秋には、葉っぱを集めて保育者が踏みしめたり投げたりして、葉っぱのこすれる音を出して楽しんでもよいでしょう。

関わりのポイント
子どもの聴覚はとても発達しており、胎児の頃から聞こえていると言われています。

気持ちいいね〜

関わりのポイント
自然は諸感覚を刺激する宝庫です。聴覚と諸感覚とが合わさって心地よさを感じられるようにしていきましょう。

関わりのポイント
自然豊かな場所では、害虫に十分注意しましょう。熱中症対策や防寒など環境の変化にも配慮しましょう。

あそびが広がるポイント
子どもを抱っこして、木の側で木漏れ日を感じたり、幹に触れたり、花の香りを嗅いだり、小川や噴水の近くに行ったり、諸感覚を通して自然を感じられるようにしましょう。

風と遊ぼう

季節	保育者数	準備
いつでも	一人から	かんたん

用意するもの
- 風車、紙テープ、モビール、うちわ

準備しておくこと
- モビールや風車などをつるしておきます。

遊び方

物を使って風を感じる

目に見えない風の存在をモビールや風車などの物を使って感じます。

関わりのポイント
風が吹いたときに「風が来たね〜」「揺れてるね」と、子どもと目を合わせて言葉を掛けましょう。

あそびが広がるポイント
風がないときは、うちわを使って風車を回したり、息を吹き掛けたりするとよいです。

第2章　6か月〜12か月　ふれあいあそび

ばいばーい

季節	保育者数	準備
いつでも	一人から	なし

用意するもの
● 大きな布（バスタオル、シーツ）

準備しておくこと
● なし

3つの視点をCheck!

遊び方

1 布の中に隠れる

関わりのポイント
時折目だけを出してみたり、少しずつ子どもに近づいたりしながら興味がそそられるようにしてみましょう。

保育者は子どもの見ている前で「ばいばーい」と言いながら布の中に隠れます。

2 「ばあ！」と出てくる

関わりのポイント
見つける楽しさを味わうあそびを通して、探索する意欲も高まっていきます。

しばらく間をおいて「ばあ！」と出てきましょう。

3 子どもが保育者をみつける

次は隠れたままにしておき、子どもが布をめくって「あー、みつかっちゃった！」とやり取りを楽しみましょう。

あそびが広がるポイント

生後6〜7か月頃になると、自分の頭から顔に掛けられた布を取り払うようにもなってきますので、子どもに布を掛けてめくるあそびも楽しめます。その場合は、不安を感じることもあるので、小さな布から始めましょう。また、つい立てやドアなどでも楽しめます。隠れた所と違う高さや場所から顔を出すと意外な出現に喜びます。

いろんな声でもしも〜し

季節	保育者数	準備
いつでも	一人から	なし

用意するもの
- ペーパー芯など筒状の物

準備しておくこと
- なし

遊び方

筒状の物を口に当てて話し掛ける

ラップ芯など筒状の物を口に当てて、「もしも〜し」「○○ちゃ〜ん」と子どもに話し掛けます。低い声や高い声、小さい声や大きな声などの声色や大きさ、テンポを変えてみましょう。

関わりのポイント
子どもが驚いたり不安になったりしないよう、最初は少し離れた所から優しく話し掛けましょう。慣れてきたら徐々に近づいていきます。

関わりのポイント
興味をもっているようなら、低い声や少し大きな声も試してみましょう。

関わりのポイント
生後6〜7か月頃になると、音節を連ねて、強弱や高低をつけて発声を楽しむ姿が見られるようになってきます。

あそびが広がるポイント
子どもがまねをしたら筒を耳に当てて、やり取りを楽しみましょう。筒の先を手でポンポンたたきながら発声すると音の変化を楽しめます。また、筒の先を子どもの体につけて発声すると、振動と音の不思議さを喜びます。

第2章　6か月〜12か月　ふれあいあそび

何が出るかな？

季節	保育者数	準備
いつでも	一人から	なし

用意するもの
- ハンカチ

準備しておくこと
- なし

遊び方

1 手をグーにして
ハンカチをかぶせる

保育者の手をグーにしてその上にハンカチをかぶせます。

> **関わりのポイント**
> 手を色々な形（グー、チョキ、パー、キツネ、小指だけなど）に変えて遊びましょう。

> **関わりのポイント**
> 生後6〜9か月頃になると、短期記憶の力も育ってくるため、出てくる物を予測しながら、隠れたり現れたりすることを喜ぶようになります。

2 「ばあ」と手をパーにする

子どもがハンカチを取ったら「ばあ」と手をパーにします。

> **関わりのポイント**
> 最初は保育者がハンカチを取って見せるとよいでしょう。

あそびが広がるポイント

保育者の片手の中に玩具を隠し、握った両手を見せて「どっちに入っているかな？」と当てるあそびも楽しいでしょう。

おじぎしてポトッ

季節	保育者数	準備
いつでも	一人から	なし

用意するもの
- お手玉（ハンカチや小さな人形でも）

準備しておくこと
- なし

遊び方

1 向かい合って座る

> **関わりのポイント**
> 落ちたお手玉が子どもにぶつからない程度の距離で行ないましょう。

子どもと向かい合って座ります。

2 頭の上にお手玉を載せる

> **関わりのポイント**
> 一連の動きが見えるよう、ゆっくりとした動作で行ないます。

お手玉を保育者の頭の上に載せます。

3 お辞儀してお手玉を落とす

「こんにち…」と溜めて「は」でお辞儀してお手玉を落とします。

> **関わりのポイント**
> 「あれ〜？落ちちゃったね」「どこに落ちたかな？」「あったね」など動きに言葉を添えると、言葉への感覚も養われていきます。

あそびが広がるポイント

子どもの頭の上にお手玉を置き、不思議に思った子どもがキョロキョロと頭を動かしてポトッと落とすあそびも楽しめます。落ちたお手玉を見つけたら、「見つけたね」と気持ちを言葉で表していきましょう。

第2章　6か月〜12か月　ふれあいあそび

ばあ！

季節	保育者数	準備
いつでも	一人から	かんたん

用意するもの
- 段ボール板、ひも

準備しておくこと
- 段ボール板をドーナツ型にくり抜き、ひもで留めておきます。

3つの視点をCheck!

遊び方

1　段ボール板を保育者の顔の前に持っていく

段ボール板を保育者の顔の前に持っていき「いないいない…」と溜めます。

関わりのポイント
生後10か月頃から、自分でまねをして再現する姿も見られるようになります。

2　顔をのぞかせる

親指で中心部を押し外し（顔を押し付けて勢いよく外しても）「ばあ！」と言って顔をのぞかせます。

関わりのポイント
隠れた物が出てくる期待感を味わえるように、子どもと向かい合って間をおいたりテンポを変えたりして楽しみましょう。

あそびが広がるポイント
頭の上に載せて下に押して外して見せると子どももまねをして遊びます。型はめとしても遊べます。

にょろにょろ探検

季節	保育者数	準備
いつでも	一人から	なし

用意するもの	準備しておくこと
● なし	● なし

遊び方

保育者の背中でいろいろな動きや移動を楽しむ

保育者はうつ伏せになって寝転びます。その上に子どもを乗せて、「にょろにょろ〜」と言いながら体をくねらせながら腕を使って前進します。

関わりのポイント
背中にしっかりと抱きついている場合は、体を左右に揺らしたり、むくっと起きて「おうまさんに変身！ パッカパッカ」と揺すったりして動きの変化を楽しみましょう。

関わりのポイント
保育者の背中にまたがっている場合は、子どもが落ちないよう動きを調整しましょう。

あそびが広がるポイント
子どものおしりを支えて、おんぶの姿勢で立ち上がり「ゴリラさんに変身！ ウッホウッホ」と上下に大きく足踏みするなど発展させてみましょう。生後8〜9か月頃を過ぎてくると、手のひらで物を強く握るようになり、保育者につかまる力もついてきます。

第2章　6か月〜12か月　ふれあいあそび

コロコロキャッチボール

季節 いつでも　**保育者数** 一人から　**準備** なし

用意するもの
● ボール

準備しておくこと
● なし

3つの視点をCheck!

遊び方

ボールを転がしてキャッチボールをする

子どもと向かい合って座り、互いの間を行ったり来たりするようにボールを転がします。繰り返しキャッチボールを楽しみましょう。いろいろな方向にボールを転がして、子どもと一緒に追い掛ける遊びも楽しめます。

関わりのポイント
「ちょうだい」など声を掛けて行なうと徐々にやり取りを楽しめるようになっていきます。

関わりのポイント
ハイハイやよちよち歩きなど、子どもの発達に合わせて保育者の姿勢や動きを変えて行ないましょう。

あそびが広がるポイント
生後9か月頃にはハイハイを楽しむようになってきます。ハイハイが促されるような追いかけっこあそびなどを取り入れていきましょう。

ゆらゆらブランコ

季節	保育者数	準備
いつでも	一人から	かんたん

用意するもの
● マット（布団）

準備しておくこと
● マットや布団を敷いておきましょう。

遊び方

ブランコのように体を揺らす

子どもの後ろから脇を支え、ブランコのように揺らします。左右、前後にゆっくりと揺らしましょう。「ゆ～らゆ～ら」と歌いながらリズムをとって行ないます。

関わりのポイント あまり激しく揺すらないように気を付けます。

関わりのポイント 肌の温かさを感じながら、歌やリズムに合わせて揺れることで、心地よさや安心感を抱きます。

関わりのポイント いろいろな方向へ揺れる動きや目線の高さの変化を楽しむあそびを取り入れ、諸感覚をたくさん刺激しましょう。

あそびが広がるポイント

枕カバーに子どもを入れて優しく揺らす遊びも楽しめます。破れて子どもが落下しないよう丈夫な物にしましょう。

第2章　6か月〜12か月　ふれあいあそび

見えるかな？

季節	保育者数	準備
いつでも	一人から	かんたん

用意するもの
- 写真や絵、色紙

準備しておくこと
- つかまり立ちの目の高さの壁に、子どもの好きな写真や絵、色紙などを貼っておきます。

遊び方

壁に貼ってある好きな物を探す

「あ、わんちゃんいるよ」と写真を指さして興味をひきながら一緒に探索を楽しみましょう。つかまり立ちをしたら「わんちゃん、よくみえるね」と一緒に喜びましょう。

関わりのポイント
視線を共有し、見つけた喜びに共感しましょう。気持ちを代弁するような言葉を添えられることで、言葉への感覚も養われます。

関わりのポイント
生後10か月を過ぎると、「物－自分」「人－自分」という一対一の二項関係から、他者と視線を共有する三項関係が育ってきます。三項関係の成立は共感の土台になる重要な育ちです。

あそびが広がるポイント
「わんちゃん、どこかな？」など問い掛けて、子ども自身で見つける楽しさを味わえるようなやり取りも楽しめます。

元気にお返事「はーい」

季節	保育者数	準備
いつでも	一人から	なし

用意するもの
● 腕を動かせる人形

準備しておくこと
● なし

3つの視点をCheck!
言葉　表現
身近な人と気持ちが通じ合う
身近なものと関わり感性が育つ
健やかに伸び伸びと育つ
人間関係　環境　健康
養護

遊び方

1 名前を呼んで子どもの手を挙げる

○○ちゃーん / はーい

関わりのポイント
まずは人形で演じて見せるなど興味がもてるよう工夫しましょう。子どもの反応を急かさないことが大切です。

名前を呼び子どもの手を優しく持って、「はーい」と言います。徐々に言葉と動作が結びついていきます。

2 名前を呼ぶ

関わりのポイント
名前を呼ばれるうれしさや応える喜びが味わえるように、応答があったときは、子どもと一緒に喜びましょう。

○○ちゃーん / あー

名前を呼んでみましょう。「あー」と声を出したり手を挙げたりして呼び掛けと返事とのやり取りを楽しみます。

3 「○○せんせいは？」と聞いてみる

○○せんせいは？

「○○せんせいは？」「○○ちゃんは？」と聞いてみると指さしで応えることも。

関わりのポイント
「○○ちゃん、ど〜こだ？」と当てっこゲームのように、クイズ形式にしてみても楽しいでしょう。

あそびが広がるポイント

生後10か月頃になると、自分の名前に反応を示して、声を出したり、振り向いたりするようになります。保育者の問い掛けに指さしで応える姿も見られるようになってくるため、応えたり伝えたりする喜びを味わえるようなあそびを取り入れていきましょう。自他を認識し、言葉と動作も結びついていきます。

○○ちゃーん！

第2章　6か月〜12か月　からだあそび

水平飛行でGO

季節	保育者数	準備
いつでも	一人から	なし

用意するもの
● なし

準備しておくこと
● なし

遊び方

腹ばい姿勢の子どもを保育者の腕に乗せて、揺らして遊ぶ

腹ばい姿勢の子どもの足と腹を保育者の腕に乗せて、揺らして遊びます。

関わりのポイント
子どもの顔が向いている方に他の保育者が「ばあ」と顔をのぞかせると喜びます。

あそびが広がるポイント
歌に合わせて子どもを揺らしたり、飛行機に見立てて高くしたり低くしたり、回ったりすると喜びます。

ハンモックでゆらゆら

季節	保育者数	準備
いつでも	複数で	かんたん

用意するもの
- バスタオル（タオルケット）、マット（布団）

準備しておくこと
- ハンモックを揺らして遊ぶときは、床にマットを敷いておきましょう。

遊び方

揺れる感覚や動く感覚を楽しむ

バスタオル（タオルケット）の上に子どもを寝かせ、タオルの両端を保育者二人で持ち、ハンモックのようにして軽く揺らします。

関わりのポイント
生後6〜7か月頃になると、揺さぶられるあそびを喜びます。リズムにのせて軽く揺らすことで、人と触れ合って遊ぶ楽しさだけでなく、体を支える諸機能も育っていきます。

関わりのポイント
激しく揺らさないようにしましょう。最初は立て膝くらいの高さから始め、子どもの様子を見ながら高さを変えてみましょう。

あそびが広がるポイント
床に敷いたバスタオルに子どもを乗せて引っ張っても喜びます。落ちないようにつかまったり、バランスを取ったりして、体を使う楽しさを味わえるようになっていきます。

第2章　6か月～12か月　からだあそび

ぴょんぴょんジャンプ！

季節	保育者数	準備
いつでも	一人から	なし

用意するもの
- なし

準備しておくこと
- なし

3つの視点をCheck!

言葉　表現
身近な人と気持ちが通じ合う／身近なものと関わり感性が育つ
健やかに伸び伸びと育つ
養護／人間関係／環境／健康

遊び方

1 子どもの脇を持ち、膝の上に立たせる

子どもと向かい合って子どもの脇を持ち、保育者の膝の上に立たせます。

関わりのポイント　発達や子どもの反応を見ながら徐々に高さを変えたり、勢いをつけたりしていきます。

2 子どもを持ち上げる

「ぴょん、ぴょん、ジャーンプ！」と持ち上げましょう。

関わりのポイント　月齢が低く体幹が不安定な時期は、ゆっくりと低めの高さで行ない、子どもが不安にならないよう配慮しましょう。

3 子どもを下ろす

子どもを足の上にそっと下ろします。

関わりのポイント　生後6か月頃になると、揺さぶりあそびを好み喜ぶ姿が増えてきます。発達に合わせて徐々に高さを変えてみましょう。

あそびが広がるポイント

慣れてきたら、子どもの後ろから脇を持ち、床の上で行なってみましょう。保育者の立て膝の高さから、保育者の立ったときの高さへと徐々に変化させます。保育者の目の高さまで持ち上げ、足裏が床に着く感覚や視線の変化を楽しめるようにしましょう。

トンネルくぐり

季節	保育者数	準備
いつでも	複数で	かんたん

用意するもの
- 段ボール箱

準備しておくこと
- 段ボール箱の上下を開けておきます。（角に三角形の段ボールをかませると倒れにくくなります。）

遊び方

段ボール箱のトンネルをくぐる

段ボール箱の底を開けて、トンネルを作り、その中をハイハイします。

関わりのポイント
段ボール箱は、倒れないような所に置くか、倒れそうなときは、倒れないように保育者が押さえて遊びましょう。

関わりのポイント
いろいろな大きさの段ボール箱を用意すると、長いトンネルや短いトンネルができ変化を楽しめます。

あそびが広がるポイント
段ボールの出口にレースの布を掛けておくと、顔を出したり引っ込めたり、『いないないばあ』のあそびに広がります。ハイハイを促すことができるので、ハイハイが苦手な子どもにも適したあそびです。

第2章　6か月〜12か月　からだあそび

ハンカチ落とし

季節	保育者数	準備
いつでも	一人から	なし

用意するもの
● ハンカチ

準備しておくこと
● なし

3つの視点をCheck!
言葉　表現
身近な人と気持ちが通じ合う　身近なものと関わり感性が育つ
養護　人間関係　環境
健やかに伸び伸びと育つ
健康

遊び方

1 ハンカチをヒラヒラさせる

ハンカチを子どもの目の前でヒラヒラと動かします。

2 ハンカチを移動させる

「バイバーイ」と言いながら、ハンカチを移動させます。

関わりのポイント
ハンカチが移動する様子を子どもに見せながら、置いた場所が分かるようにしましょう。

3 子どもの斜め後ろに置く

子どもの斜め後ろにハンカチを置くと、子どもが体をねじって取ろうとします。

関わりのポイント
生後8か月頃はお座りも安定し、お座りの状態で体をねじって物を取ることもできるようになってきます。

4 ハンカチをもらう

関わりのポイント
「ちょうだい」と言って受け取り、繰り返して遊びましょう。

あそびが広がるポイント
それまで遊んでいた玩具を使っても楽しめます。少しずつ離れた所に置くようにすると、自ら体を動かして探索することが楽しくなります。

飛行機ブーン

季節	保育者数	準備
いつでも	一人から	なし

用意するもの
● なし

準備しておくこと
● なし

遊び方

1 保育者の足に子どもを乗せる

保育者は膝を曲げて足を立て、足の上に子どもを乗せます。

2 子どもを上げ、左右や上下に揺らす

「飛行機ぶーん」と言ったり「飛行機ブンブン飛んでます〜♪」と歌ったりしながら、膝を上げて左右や上下に揺らします。

3 一回転する

そのまま後ろにゴロンと転がり一回転させます。

終わりのポイント
お座りが安定してくる8か月頃には、一回転させるあそびも楽しめます。

4 着地する

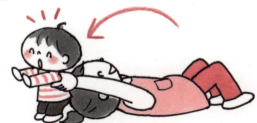

あそびが広がるポイント
一人座りが不安定な頃は、優しく揺らして揺れる感覚を楽しみましょう。体のバランスをとる力が育っていきます。

第2章　6か月〜12か月　からだあそび

足の体操、おいっちに！

季節	保育者数	準備
いつでも	一人から	なし

用意するもの
● なし

準備しておくこと
● なし

3つの視点をCheck!

遊び方

1 両足の裏に手のひらを当てる

> **関わりのポイント**
> 生後9か月になると、足の力もついてきて、つかまり立ちもできるようになってきます。足裏に何かが触れる感覚を楽しんだり、足を動かしたりするあそびを取り入れていきましょう。

子どもの両足の裏に手のひらを当てます。

> **関わりのポイント**
> 力を入れ過ぎないよう気を付けながらゆっくりと行ないましょう。
> 子どもが安心できるよう、笑顔で目を合わせながら優しい口調で歌ったり、語り掛けたりして行なうとよいでしょう。

2 リズムよく動かす

おいっちに
おいっちに

自転車をこぐような動きで「おいっちに、おいっちに」とリズムよく動かします。

> **関わりのポイント**
> 繰り返すことで徐々に次の動きを予測し、足に力を入れたり抜いたりするやり取りあそびも楽しめるようになっていきます。

あそびが広がるポイント
時折テンポを変えたり、「ピタッ！」と言って止めたり、変化を付けましょう。手で足裏を押したときに、子どもが蹴るように反発する動きをしてきたら、子どもの動きに合わせて押したり引いたりを楽しみましょう。

まてまて

季節	保育者数	準備
いつでも	一人から	なし

用意するもの
● なし

準備しておくこと
● なし

遊び方

1 ハイハイで追い掛ける

関わりのポイント 生後9〜10か月頃になると、ハイハイでの移動がスムーズになり方向転換などの動きも巧みになります。

後ろから「まてまて」と言いながらハイハイで追い掛けます。床を強くたたいて、音を出しながら追い掛けると楽しいでしょう。

2 子どもが逃げる

関わりのポイント ハイハイでの追いかけっこを通して、全身の動きをコントロールする力も育っていきます。

子どもが笑いながら後ろを振り向き、追い掛けてくることを楽しんでいる様子を確認しながら、スピードや子どもとの距離を変えましょう。

3 つかまえてくすぐる

最後は「つかまえたー」と言ってくすぐります。

あそびが広がるポイント

「にげろー」と言いながらハイハイで移動し、子どもが追い掛けるあそびも楽しめます。他の子どもも誘い、複数の子どもとハイハイで追いかけっこをしても楽しいでしょう。

第2章　6か月〜12か月　からだあそび

運びまーす

季節	保育者数	準備
いつでも	一人から	かんたん

用意するもの
- セロハンテープの芯、ビニールテープ（複数の色）、ロープ

準備しておくこと
- セロハンテープの芯にビニールテープを巻いておきます。ロープにテープ芯を通し、ロープの端の一方は子どもが立ったときの目の高さに固定します。

3つの視点をCheck!

遊び方

1 お座りの姿勢でテープ芯を握る

お座りの姿勢でテープ芯を握ります。

関わりのポイント
生後10か月頃になると、盛んにつかまり立ちをして視線の変化を楽しむようになります。

2 ロープを上にあげてつかまり立ちを誘う

ぎゅっと握ったらロープを上にあげて、つかまり立ちを誘ってみましょう。

関わりのポイント
つかまり立ちが不安定な頃は、テープ芯を複数ぶら下げて、両手で行なってみましょう。

3 テープ芯を持って移動する

こっちへ運んでくださ〜い

子どもがテープ芯を手でつかんだら、「こっちへ運んでくださ〜い」と呼び掛けます。子どもがテープ芯を持って、つかまり立ちで移動します。

関わりのポイント
立って移動する意欲が高まるような工夫をしてみましょう。

あそびが広がるポイント

棒を壁に添うようにぶら下げても楽しめます。目標となるようなイラストや写真を子どもの目の高さに幾つか貼っておくと移動が楽しくなります。

段ボールを押して、入って、お散歩

季節	保育者数	準備
いつでも	一人から	かんたん

用意するもの
- 段ボール（子どもが立ったときに両手で押せるくらいの高さ）

準備しておくこと
- 装飾しても楽しいです。

遊び方

段ボールの底を上にして押したり、中に入って保育者に押してもらったりする

段ボールを裏返して押したり、子どもが中に入って保育者が押したり、引っ張ったりします。

関わりのポイント　保育室の中に、興味がそそられるような物を置いたりすると「あそこまで行ってみたい」という意欲が高まります。

関わりのポイント　生後11か月頃を過ぎると、つかまり立ちから一人歩きへと運動機能が発達していきます。歩行の補助となるあそびを通して、歩く楽しさを味わえるようにしていきましょう。

関わりのポイント　探索することを通して、空間を認識する力も育っていきます。

あそびが広がるポイント
牛乳パックを組み合わせて作った箱（段ボールくらいの大きさ）を用いて、押したり積んだり座ったりしても楽しめます。

第2章　6か月〜12か月　身近な素材のあそび

触って遊ぼう

季節	保育者数	準備
いつでも	複数で	かんたん

用意するもの
- プチプチシート、卵パック、黒色画用紙、牛乳パックの積み木、段ボール板、銀のボール紙、新聞紙、ウールの布、クラフトテープ

準備しておくこと
- いろいろな素材を床や壁に貼っておきます。

遊び方

いろいろな素材に触れて、感触を楽しむ

いろいろな素材に触れて、「あれ？」「なんだろう」と手で触ったり、踏んだりして感触を楽しみます。「ガサガサだね」「ぷちぷちだね」と保育者が言語化することで言葉の認識にもなります。

関わりのポイント　手足だけでなく、全身で感触が味わえるよう足で踏んだり、寝転がれるようなきっかけを作っていきます。

関わりのポイント　触るタイミングで「ぷちぷち」など言葉を繰り返すことで、ことばあそびにもなります。

関わりのポイント　探索活動が盛んな時期なので様々な物や感触との出会いで感覚を刺激できます。

あそびが広がるポイント
いつもと違った物の上でハイハイや歩行をすることでバランスを取りながら前へ進もうとします。どうやって進もうか、触ろうかと考えたりと知的な好奇心を刺激することができます。

68

布で遊ぼう

季節	保育者数	準備
いつでも	一人から	なし

用意するもの
● オーガンジーの布

準備しておくこと
● なし

遊び方

透けている布をかぶったり、取ったりして楽しむ

布を子どもの頭にかぶせ、保育者が「ばぁ」と言いながら布を外したり、取ったりします。窓辺に布を下げて、風に揺れるのを見て楽しむこともできます。

関わりのポイント
透けている布は頭からかぶっても透けて相手の顔が見え、不安にならないので子どもにおすすめの素材です。

あそびが広がるポイント
サイズの違う布を用意すると、一人でかぶったり、友達とかぶったりして楽しめます。違う素材の布を用意することで、肌触りの変化を楽しむことができます。

第2章　6か月〜12か月　身近な素材のあそび

ミルク缶で遊ぼう

季節	保育者数	準備
いつでも	一人から	かんたん

用意するもの
- ミルク缶、ホース

準備しておくこと
- 物を出して遊ぶミルク缶は、周りを布で覆っておきます。

3つの視点をCheck!
養護／言葉／表現／人間関係／環境／健康
・身近な人と気持ちが通じ合う
・身近なものと関わり感性が育つ
・健やかに伸び伸びと育つ

遊び方

転がしたり、太鼓代わりにしたりして遊ぶ

転がしたり、中に物を入れたり、出したり、逆さまにしてたたいたり、様々な遊び方ができます。

関わりのポイント
腹ばいになっている子どもにミルク缶を転がすと、ハイハイを促すことができます。

関わりのポイント
ミルク缶の中に重りを付けると転がしたときに戻ってきます。重さや付ける位置を変えてミルク缶の動きの変化を楽しみましょう。

あそびが広がるポイント
ミルク缶に布でカバーをつけ、入り口を小さく絞ると、手を入れたり出したりするだけでも楽しめます。布をティッシュのようにたたんでミルク缶に入れると引っ張りあそびになります。

プチプチニギニギ

季節 いつでも　**保育者数** 複数で　**準備** かんたん

用意するもの
- プチプチシート、テープ、ハサミ、ビニールプール

準備しておくこと
- プチプチシートをハサミで切って丸め、テープで留めて「プチプチニギニギ」を作ります。

遊び方

「プチプチニギニギ」で思い思いに遊ぶ

「プチプチニギニギ」に埋もれてみたり、握ってみたり、転がしてみたり、投げたりして、全身を使って素材の感触を楽しみます。

関わりのポイント　生後6か月頃になると物を握るようになり、生後8か月頃には手のひらで強く握ることができるようになっていきます。

関わりのポイント　握る感触を楽しめる素材を取り入れることで、物への関心も深まり、多様な働き掛けが生まれます。

あそびが広がるポイント
子どもの発達に合わせて、「プチプチニギニギ」をハンカチやアルミホイルなどで包んでも遊べます。布やアルミホイル越しの感触を味わったり、指先を使って剥がしたりして楽しみます。

第2章　6か月～12か月　身近な素材のあそび

第2章　6か月〜12か月　身近な素材のあそび

ふわふわ風船

季節	保育者数	準備
いつでも	複数で	かんたん

用意するもの
● 風船、うちわ

準備しておくこと
● 風船を膨らませておきます。

3つの視点をCheck!

遊び方

風船を追い掛けたり、うちわであおいだりして遊ぶ

風船のふわふわとした動きを楽しんだり、転がる風船を追い掛けたり、投げたりして遊びます。

関わりのポイント
ハイハイの頃になると、物を追い掛けることを楽しみます。跳んだり跳ねたりといった風船の不思議な動きに子どもの好奇心も刺激されます。

関わりのポイント
十分に体を動かして追い掛けたり捕まえたりするあそびです。その中で、物の性質を知り、達成感を味わいながら空間を認識する力も育っていきます。

関わりのポイント
噛んだり、強く握ったりして割れてしまうことがあるため、まずは、保育者自身がポンポンと手のひらの上で跳ねさせたり、優しく触れたり、風船との関わり方を見せましょう。

あそびが広がるポイント
発達に合わせて、子どもがうちわであおぎながら追い掛けるあそびにも発展できます。

クラフトテープの芯で遊ぼう

季節	保育者数	準備
いつでも	一人から	かんたん

用意するもの
● クラフトテープの芯、ビニールテープ

準備しておくこと
● クラフトテープの芯にビニールテープを巻いておきます。

遊び方

クラフトテープの芯を転がしたり、追い掛けたりして遊ぶ

クラフトテープの芯を転がしたり、保育者が重ねた物を倒したり、様々な楽しみ方を見つけて遊びます。

関わりのポイント
腹ばいの子どもの前でクラフトテープの芯を転がすとハイハイを促すことができます。

あそびが広がるポイント
保育者がクラフトテープの芯を望遠鏡に見立てて、「ばあ」と子どもの顔をのぞき込むと喜びます。手や足にはめて遊ぶこともできます。

第2章　6か月〜12か月　身近な素材のあそび

紙袋で遊ぼう

季節	保育者数	準備
いつでも	一人から	なし

用意するもの
- いろいろな大きさの紙袋

準備しておくこと
- なし

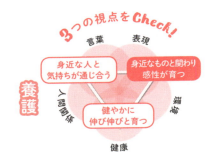

##

紙袋に物を入れたり、出したり、かぶったりして遊ぶ

紙袋に物を入れたり、出したりします。足を入れたり、手を入れたり、頭にかぶったりしても遊べます。紙袋に穴をあけておくと、頭を入れたときに相手が見えて、いないいないばあそびにもなります。

関わりのポイント
子どもは物を入れたり、出したりするあそびが大好きなので、保育者も一緒に楽しみましょう。

あそびが広がるポイント
紙袋に積み木などの玩具を入れたときに「ないない」と保育者が言うと、もっと言ってほしくて保育者の顔を見ながら玩具を入れるようになります。

小麦粉粘土で遊ぼう

季節	保育者数	準備
いつでも	一人から	かんたん

用意するもの
- 小麦粉、水、ボウル、ビニールクロス

準備しておくこと
① ビニールクロスを敷いておきます。
② ボウルに小麦粉を入れ、水を少しずつ入れてこねます。
③ まとまったら出来上がり。

遊び方

小麦粉粘土の感触を楽しむ

保育者が丸めたり、ちぎったりした小麦粉粘土を、子どもが握ったり、たたいたりして遊びます。口に入れないように注意しましょう。

関わりのポイント
子どもに渡すときは、子どもの手の中に入るくらいの大きさがちょうどよいです。

あそびが広がるポイント
水の量を変えると柔らかさが変わります。小麦粉アレルギーの子どもがいるときは、小麦粉の代わりに片栗粉でも同じようにできます。片栗粉だとどろっとした感触になります。食紅を混ぜて色づけると色の認識や見立てあそびに広がります。

第2章　6か月〜12か月　手作り玩具

次から次へと出てくるよ

季節	保育者数	準備
いつでも	一人から	かんたん

用意するもの
● ファスナー付きのポリ袋、ガーゼやバンダナなどの布を5枚くらい

準備しておくこと
① ポリ袋の下の角をハサミで切り取ります。
② 布を入れます。

3つの視点をCheck!

遊び方

布をつまんで引っ張り出す

ポリ袋の穴から、布を少しつまんで引っ張り出します。全て引っ張り出したらまた戻しましょう。

関わりのポイント　同じガーゼでも5枚バラバラに入れておくのと、結び付けておくのでは引き出すときの感覚が違います。

関わりのポイント　生後5か月頃から8か月頃、手を広げて「つかむ」ということができるようになります。

関わりのポイント　この時期に手のひらに柔らかさや肌触りなどいろいろな素材の感覚を体験することは、触感の豊かな発達の入り口です。

あそびが広がるポイント
一度出した物を元に戻すのは保育者が行ない、引き出して遊びたくなるような環境を整えましょう。玩具などを袋に入れておくと、引き出したくなってもっと楽しめます。

ペットボトルで遊ぼう

季節	保育者数	準備
いつでも	一人から	かんたん

用意するもの
- 200mlのペットボトル、スパンコール、チェーンリング、水

準備しておくこと
① ペットボトルに水とスパンコールなどを入れます。
② 口をビニールテープで留めます。

遊び方

物が動いたり、光ったりすることを楽しむ

ペットボトルを振ったり、揺らしたりして遊びます。中の物が動いたり、光ったりすると、じっと見つめたり、音が出たりするのを楽しみます。

関わりのポイント
重さがあるので、足に落としたり、周りの子どもに危険がないようにしたり、安全に遊べるよう配慮しましょう。

関わりのポイント
注意して見る力がつきます。また、ペットボトルをひっくり返すことで、手首を返すことができるようになります。

あそびが広がるポイント
中に入れる物を変えて変化をつけたり、2つの飲み口をビニールテープでつなげて砂時計の形を作ったりすると、水の動きに変化が出ます。

第2章　6か月〜12か月　手作り玩具

くっつけてペタッ

季節	保育者数	準備
いつでも	一人から	かんたん

用意するもの
- ボトルキャップ、マグネットシール、ホワイトボード、ビニールテープ

準備しておくこと
① ボトルキャップを二つ合わせてビニールテープで固定します。
② 蓋の片側にマグネットシールを貼ります。

3つの視点をCheck!

遊び方

ボトルキャップをホワイトボードに貼ったり剥がしたりする

ボトルキャップをホワイトボードに貼ったり剥がしたりして遊びます。転がしたり、並べたりしても楽しいです。中に音の出る物を入れると振って音を楽しむこともできます。

関わりのポイント
生後7か月頃になると、手のひらで物を握り、徐々に指でつまめるようになっていきます。

関わりのポイント
マグネットシールが剥がれて誤飲しないよう気を付けましょう。
まずは保育者が手本を見せて「ピタッ」「くっついたね」「あ〜あ、取れちゃった」などと声を掛けながら行ないましょう。

あそびが広がるポイント
ボトルキャップの代わりにスポンジ、ホワイトボードの代わりに不織布を使っても楽しいでしょう。

ぽんぽん太鼓

季節	保育者数	準備
いつでも	一人から	しっかり

3つの視点をCheck!

用意するもの
● 牛乳パック（1ℓ）4つ、新聞紙、布テープ、新聞紙を丸めて作った棒または15cmぐらいのホース

準備しておくこと
① 牛乳パックに新聞紙を詰めて布テープで蓋をします。4つつなげて布テープで留めます（作り方参照）。
② 外面を全て布テープで補強します。

作り方

① 牛乳パックに新聞紙を詰める。

4つつなげて布テープで留める。

遊び方

たたいて楽しむ

手や新聞紙で作った棒またはホースでたたいて、音が出るのを楽しみましょう。牛乳パックなので、座ったり、乗ったりしても安全です。

関わりのポイント
手首を回したり、返したりする動きの発達を促すことができます。飽きてきて、たたいていた物を振り回すようになったら、あそびを終了しましょう。

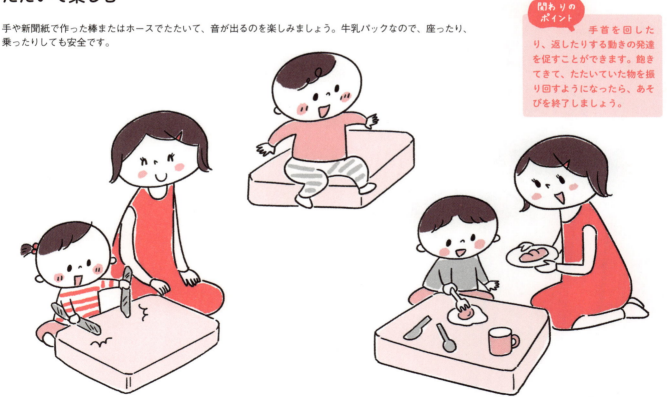

第2章　6か月〜12か月　手作り玩具

友達カード

季節	保育者数	準備
いつでも	一人から	かんたん

用意するもの
- クラスの子の写真、ブッカー

準備しておくこと
① 写真をブッカーでカバーします。
② クラスの子の写真を並べます。

友達の写真を見つける

並べておいた友達の写真を見つけましょう。

関わりのポイント
「○○ちゃんどこにいるかな〜？」「○○ちゃんいたね」と言葉にしていくことで、友達の認識ができてきます。

あそびが広がるポイント
カードをひもでまとめておくと、本のようにペラペラとめくる楽しさも味わうことができます。
保育者や動物、散歩先の身近な物の写真も作成するとあそびが広がります。

ぽっとん落とし

季節	保育者数	準備
いつでも	一人から	かんたん

用意するもの
- タッパー、短く切ったホース、プラスチック製のチップ、ビニールテープ

準備しておくこと
① タッパーに穴をあけます。
② 穴の切り口をビニールテープで保護します。

遊び方

タッパーに蓋をして、ホースやチップを落とす

タッパーに蓋をして、そこにホースやチップを落とします。
穴に入れることができるようになる喜びや、穴に入れ上から指で圧をかけ、落とす楽しみを感じられます。

関わりのポイント
チップなどは口に入れないように気を付けます。ホースは口に入れやすいので、たくさん用意し、口に入れた物は他の子には使わないようにします。

関わりのポイント
発達に合わせて穴の大きさを変えるようにしましょう。

あそびが広がるポイント
落とす物を箸ブロックにしたり、入れ物をミルク缶にしたりすると音が変わり、違いを楽しめます。

第2章 6か月〜12か月 手作り玩具

第2章　6か月〜12か月　自然あそび

園庭デビュー

季節	保育者数	準備
春・秋	一人から	なし

用意するもの
● マット

準備しておくこと
● なし

遊び方

園庭にマットを敷いて、ゴロゴロしたり、ハイハイしたりする

園庭にマットを敷いて、ゴロゴロしたり、ハイハイしたりします。砂・葉っぱ・虫…自然に出会うことができます。「アリさんだね」など、保育者が言葉にして子どもが気付けるようにしていきましょう。

関わりのポイント
初めて園庭に出るときは、少しずつ慣れるようにするとよいでしょう。

関わりのポイント
最初は園庭の隅にマットを置き、そこで安心できる保育者が抱っこして環境に慣れていきましょう。慣れてくると自らマットに降りていきます。

あそびが広がるポイント
園庭で遊んでいるお兄さん、お姉さんの子どもたちと関わる機会にもなります。

影や光と遊ぼう

季節	保育者数	準備
いつでも	一人から	なし

用意するもの
● 鏡、影をつくるための光源など

準備しておくこと
● なし

遊び方

1 床や壁に鏡の光を反射させて遊ぶ

床や壁に鏡の光を反射させたり、動かしたりします。時折光を消したり、突然出したり、変化をもたせながら、「あれ〜？」と子どもの感じている不思議さを一緒に楽しみましょう。

関わりのポイント
日当たりの良い場所で行ないましょう。子どもが追い掛けているときは、家具などにぶつからないよう動かす範囲を調整しましょう。最初は子どもの周囲のみで行ない、時折ゆっくりと目で追える速さで移動させるとよいでしょう。

2 床や壁に影を映して遊ぶ

床や壁に影を映して遊びます。指や手で影絵をつくり、映したり動かしたりして興味がもてるようにしましょう。

関わりのポイント
生後6か月を過ぎる頃になると、物をつかもうと追い掛けるようになりますが、つかまえることのできない不思議さに興味津々で遊びます。

あそびが広がるポイント
影や光を足して複数の子どもと楽しんでもよいでしょう。光や影といった身近な存在を感じ、好奇心をもって関わることで感性の育ちにつながっていきます。

第2章　6か月～12か月　自然あそび

水あそびデビュー

季節	保育者数	準備
夏	複数で	かんたん

用意するもの
- タライ、子ども用ジョウロやバケツ、滑り止めマット

準備しておくこと
- 滑りやすい場所で行なうときは、滑り止めとしてマットを敷いておきます。

遊び方

水に触れて楽しむ

タライに水を入れ、その周りでお座りして水に手を入れてバシャバシャしたり、中にお座りして、ジョウロで水を手や足から掛けます。

関わりのポイント
いきなり水を掛けるとびっくりしてしまうので、手や足から水を掛けるとよいでしょう。

関わりのポイント
初めてのことに抵抗がある子どももいるので、普段の遊びでタライを出しておくと慣れて抵抗なく水あそびができます。

関わりのポイント
衛生的なこと（尿・便）を考えてタライには、一人ずつ入ることをおすすめします。保育者は、必ず目を離さないように見ていましょう。

あそびが広がるポイント
子ども用のジョウロやバケツなどの玩具を用意すると、自分で水を出し入れして楽しみます。保育者が手で水をパシャパシャさせると喜びます。

お砂崩し

季節	保育者数	準備
いつでも	一人から	なし

用意するもの
● カップ

準備しておくこと
● なし

遊び方

砂の感触を味わいながら、砂の塊を崩す

子どもの目の前で、砂場の砂をカップに詰めて裏返し、カップを取ります。子どもは砂の塊（型抜き）を崩して遊びます。繰り返して遊びましょう。

関わりのポイント
砂に触れることにためらうようなら、スコップなどの道具を使って崩してもよいでしょう。少しずつ砂の感触を楽しめるようにします。

関わりのポイント
保育者も一緒に崩して遊び、砂への不安を軽減できるようにしましょう。

関わりのポイント
お座りができるようになってきた頃から楽しめます。この頃は身の回りの環境に興味を示し、初めて出会う物に様々な働き掛けを試みて物の性質を知ろうとしています。こわしたり、崩したりといった関わりがよく見られる時期なので、砂の特性を生かして十分に楽しめるようにしましょう。

あそびが広がるポイント
カップの大きさを変えたり、砂の塊を並べたり、いろいろな形の砂を崩す楽しさを味わえるように工夫しましょう。砂の塊に指を入れて穴をあけたり棒を差したり、可変性のある砂の特性を味わって遊びます。

第3章　12か月～18か月　ふれあいあそび

いもむしゴロゴロ

季節	保育者数	準備
いつでも	複数で	なし

用意するもの
● マット

準備しておくこと
● なし

5つの領域をCheck!
養護／健康／人間関係／環境／言葉／表現

遊び方

1 マットの上でゴロゴロ転がって遊ぶ

2 マットから離れる

「いもむしさん ニョッキ ニョッキと お散歩です」

マットの上で子ども同士がゴロゴロ転がります。そのときに保育者も『いもむしごろごろ』(わらべうた)の歌に合わせて転がります。保育者や他の子どもたちと一緒に同じ動きを楽しみます。

マットの上が大人数になったときは、「いもむしさんニョッキニョッキとお散歩です」などと言うと、しぜんとマットから離れることができます。

関わりのポイント
あまり人数が多いとぶつかったり、場所の取り合いでトラブルになったりするので気を付けます。

関わりのポイント
「危ない」や「だめ」という禁止の言葉を使わずに楽しく安全に遊べます。

あそびが広がるポイント
マットの上で子どもたちをおイモに見立てて、保育者が「焼きイモゴーロゴロ♪　食べちゃうぞ」と歌っておなかをムシャムシャと食べるように触ると楽しいです。

パクパク人形と遊ぼう

季節	保育者数	準備
いつでも	一人から	なし

用意するもの
● パクパク人形

準備しておくこと
● なし

5つの領域をCheck!
養護／環境／健康／人間関係／言葉／表現

遊び方

人形を使ったやり取りを楽しむ

人形を使って子どもに話し掛け、やり取りを楽しみます。「こんにちは」と挨拶したり、「いないいない…」「ばあ！」と口を大きく開けたり、言葉としぐさを合わせながら動かします。

関わりのポイント
「パクッ」と子どもの体を優しくくわえるしぐさをしてスキンシップを楽しみます。

関わりのポイント
1歳頃はやり取りを繰り返すあそびが大好きです。言葉と動作を用いて、人とやり取りすることを楽しめるようなあそびを取り入れていきましょう。

関わりのポイント
言葉と動作を連動させ、演じるように見せるとじっと見つめたり、やり取りへの意欲が生まれたりします。入園初期や人見知りの強い子どもと接する際、人形を介したやり取りを通して、あそびに興味をもち、不安感が和らぐこともあります。

あそびが広がるポイント
「あ〜ん」と口を大きく開けた人形に、子どもが食べ物に見立てた玩具を食べさせるやり取りも楽しいでしょう。繰り返しやり取りを楽しむことで、次第に見立てあそびや再現あそびにもつながっていきます。

第3章　12か月～18か月　ふれあいあそび

きれいにしましょ

季節	保育者数	準備
いつでも	一人から	なし

用意するもの
- 段ボール箱、おけ、タオル

準備しておくこと
- なし

5つの領域をCheck!

遊び方

 頭を洗う

頭、洗いまーす

段ボールをお風呂に見立てて入り、保育者が「頭、洗いまーす」と言って頭をくしゃくしゃ洗います。

2 体を洗う

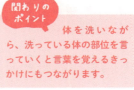
関わりのポイント
体を洗いながら、洗っている体の部位を言っていくと言葉を覚えるきっかけにもつながります。

次におなかを…

「次におなかを洗います。ゴシゴシ♪」などおしゃべりしながら、順番に体のあちこちに触れ合いながら洗っていきます。

 たまにくすぐりながら洗う

「脇の下を洗いま～す」などくすぐりながら洗うと喜びます。

関わりのポイント
目や手などを認識できてくる時期です。「足はどこ？」とやり取りをすることで言葉の認識もできてきます。

あそびが広がるポイント
おけやタオルを用意すると、よりイメージが広がって、お風呂ごっこに発展していきます。

診察しましょう

季節	保育者数	準備
いつでも	一人から	なし

用意するもの
● なし

準備しておくこと
● なし

5つの領域をCheck!
健康／人間関係／環境／言葉／表現／養護

遊び方

1 おなかの音を聞く

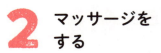
おなかを診ま〜す

子どもを寝かせて、「おなかを診ま〜す」と言っておなかに耳をつけて音を聞きます。

2 マッサージをする

関わりのポイント
やり取りあそびが好きな時期なので、「どこが痛いですか？」などおしゃべりしながら遊びましょう。

おなかは痛くありませんか？

「おなかは痛くありませんか？」などおしゃべりながらマッサージします。

3 おしゃべりしながらまねっこ

お熱がありますね

「お熱がありますね」などおしゃべりしながら腕にツンツンと注射を打つまねをします。

関わりのポイント
お医者さんがしていることをまねしながら、マッサージやスキンシップをしていきましょう。

あそびが広がるポイント
コップやハンカチなどを聴診器や包帯に見立てると、イメージが広がって、あそびがお医者さんごっこに展開していきます。

第3章　12か月〜18か月　ふれあいあそび

ゆらゆらストン

季節	保育者数	準備
いつでも	一人から	なし

用意するもの
● 座布団

準備しておくこと
● なし

5つの領域をCheck!
養護／環境／健康／人間関係／言葉／表現

遊び方

1 子どもを膝の上に乗せて座る

関わりのポイント　最初は保育者が床に足を投げ出して座り、落ちるときの高さを低くしてから始め、怖がらないようであれば正座へ移行しましょう。

保育者は座布団の上に正座して膝の上に子どもを乗せます。このとき、保育者と子どもは同じ方向を向いて座りましょう。

2 前後に揺れる

関わりのポイント　揺れたり落ちたり、様々な体の動きを楽しむことで、体を支える力も育ちます。

子どもの脇を支えながら「ゆーら、ゆーら」と前後に揺れます。

3 「ストン」と言いながら膝を開く

「ストン！」で膝を開くと、子どもは床（座布団）の上にストンと落ちます。衝撃が強くなりすぎないよう脇は支えたままで行ないましょう。

関わりのポイント　繰り返すことで「ストン！」で落ちることを予測し、期待するようになっていきます。

あそびが広がるポイント

間を取ったりテンポを変えたりしても楽しめます。
イスやソファに座っても行なえます。その際は、子どもがイスの座面にストンと落ちるよう、保育者はイスに深めに腰掛けて行ないましょう。

大型バスが発車しま～す

季節	保育者数	準備
いつでも	一人から	なし

用意するもの
● なし

準備しておくこと
● なし

5つの領域を Check!
養護／健康／人間関係／環境／言葉／表現

遊び方

1 子どもを膝の上に乗せて座る

保育者は両足を伸ばして床に座ります。そのとき、子どもは保育者の膝の上に向かい合わせに座ります。

2 手をつなぐ

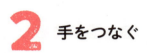
出発しま～す

関わりのポイント
一番後ろには、体幹のしっかりしている1歳半頃の子どもが座るようにします。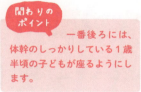

子どもが3～4名座ったら「満員で～す」「出発しま～す」と一番後ろに座っている子どもと手をつなぎます。

3 『バスごっこ』の歌に合わせて揺れる

あそびが広がるポイント
イメージをもって遊べるようになってくる頃は、出発から到着までのストーリーを演じながら行ない、電車ごっこやバスごっこに発展させていっても楽しめます。

4 上下や左右などいろいろな動きをする

「右（左）に曲がりま～す（左右の動き）」「がたがた道で～す（上下の動き）」「急ブレーキ！（手前に引っ張る）」などいろいろな動きを取り入れます。

関わりのポイント
まねをして一緒に遊ぶ楽しさも味わうようになるので、複数の子どもと触れ合うあそびを取り入れていきましょう。

※『バスごっこ』作詞／香山美子、作曲／湯山　昭、編曲／植田光子

第3章　12か月〜18か月　ふれあいあそび

食べちゃうぞ！

季節	保育者数	準備
いつでも	複数で	なし

用意するもの
- なし

準備しておくこと
- なし

子どもを追い掛けたり、食べるまねをしたりして楽しむ

保育者はオオカミになって、子どもを追い掛けます。つかまえたら、子どもの体をくすぐりながら食べるまねをしましょう。食べられたらまた逃げて、つかまって……を繰り返して遊びます。オオカミに食べられるときのやり取りやスキンシップを楽しみます。

関わりのポイント
「○○ちゃんから食べちゃうぞ〜！」などと、たくさんやり取りをしながら遊びましょう。

関わりのポイント
食べるときに「どこから食べようかな」と体中を触ることで、子どもはわくわくします。

あそびが広がるポイント
中に入ればオオカミに食べられないおうち（安全基地）を作ると、逃げ込む動作が増え、ドキドキ感をより一層楽しむことができます。

まねっこあそび

季節	保育者数	準備
いつでも	一人から	なし

用意するもの
● なし

準備しておくこと
● なし

5つの領域を Check!

遊び方

保育者のしぐさや動き、言葉をまねて遊ぶ

保育者が動物や乗り物のまねをします。それを見た子どもが、しぐさや言葉をまねして遊びます。保育者と楽しさを共有する経験を通して、人への興味が広がり、人と関わる心地よさを感じていきます。

関わりのポイント
手あそびの振りの一部やお散歩で出会った動物など、身近なしぐさを取り入れると、まねへの意欲が高まります。

あそびが広がるポイント
「ワンワン！ お散歩行ってきま〜す」など、何かになり切ってストーリー性をもたせたり、やり取りを加えたりしていくと、簡単なごっこあそびへと発展していきます。

第3章　12か月〜18か月　ふれあいあそび

見〜つけた

季節	保育者数	準備
いつでも	一人から	なし

用意するもの
● 人形、ぬいぐるみなど

準備しておくこと
● なし

5つの領域をCheck!

遊び方

1 人形を隠す

子どもの前で人形を見せながら「〇〇ちゃん、ばいばーい」と動かし、隠します。まだ予測して見つけることは難しいので、子どもの見ている前で隠しましょう。

2 子どもが人形を探す

関わりのポイント
「あれれ？」「どこに行ったかな？」「やったあ、見つけたね」など、子どもの気持ちを代弁しながら見守ります。

自分で移動できるようになるこの時期は探索意欲が旺盛です。

3 子どもが人形を見つける

見つける楽しさや伝える喜びが味わえるあそびを取り入れていくと、人とのやり取りが大好きになります。

関わりのポイント
子どもから離れた所に隠すと、移動して見つける楽しさも味わえます。

あそびが広がるポイント
隠す場所の距離を少しずつ伸ばしたり、隠す場所の高さを変えることで、見つけることへの意欲や達成感につながります。

ちょうだい、どうぞ

季節	保育者数	準備
いつでも	一人から	なし

用意するもの
- 玩具（子どもが手で握れるくらいの大きさ）

準備しておくこと
- なし

5つの領域を Check!
養護／環境／健康／人間関係／言葉／表現

遊び方

1 「どうぞ」と玩具を渡す

子どもに「どうぞ」と言葉を添えて玩具を渡します。

2 「ちょうだい」と言う

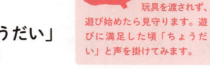
関わりのポイント
玩具を渡されず、遊び始めたら見守ります。遊びに満足した頃「ちょうだい」と声を掛けてみます。

両手のひらを上に向けて「ちょうだい」と言ってみましょう。子どもが玩具を保育者の手のひらの上に置いたら、「ありがとう」とお礼を言います。

3 繰り返してやり取りを楽しむ

食べる動作をしながら「もぐもぐ、あーおいしかった。ありがとう」などと言って、また「どうぞ」と子どもに渡します。繰り返してやり取りを楽しみましょう。

あそびが広がるポイント

動きに言葉を添えることで、言葉と動作が結びつき、言葉への感覚が養われます。保育者が玩具を食べ物に見立てて「もぐもぐ、おいしかった」と食べる動作をすると、子どももまねをするようになり、見立てあそびへと発展します。

第3章　12か月〜18か月　ふれあいあそび

どっしりお山によじ登ろう！

季節	保育者数	準備
いつでも	複数で	なし

用意するもの
- なし

準備しておくこと
- なし

5つの領域をCheck!

 遊び方

お山になった保育者に、子どもがよじ登って遊ぶ

保育者は床の上に四つばいになってうずくまります。子どもは保育者の背中に登ります。子どもが登ってきたら、「そろそろ起きようかな」などと予告をして、ガバッと起き上がり子どもを捕まえます。

関わりのポイント
起き上がるときは、子どもの転倒を防ぐため、勢いをつけすぎないよう注意しましょう。

関わりのポイント
「お山になります。登りにきてね」などと誘い掛けてもいいでしょう。

あそびが広がるポイント
子どもが登ってきたときに、少し揺らしたり高さを変えたりして登る楽しさが味わえるように工夫しましょう。複数の子どもが登ってきたら、そのままぺしゃんと床にうつ伏せになったり、ほふく前進で移動したりすると盛り上がります。

しっぽ取り

季節	保育者数	準備
いつでも	一人から	かんたん

用意するもの
- 太めのひも（またはスズランテープやリボンなど）

準備しておくこと
- ひもを色々な長さに切っておきます。

遊び方

保育者のしっぽを追い掛けて遊ぶ

保育者のおしり側のズボンにひもを挟み、「しっぽ、取れるかな？」と子どもを誘います。子どもは保育者を追い掛けて遊びます。しっぽをつかみ取ることができたら、子どもと一緒に喜びましょう。

> **関わりのポイント**
> 子どもの歩行が不安定な時期は、歩行を誘ったり応援したりしながらゆっくりと行ないましょう。

> **関わりのポイント**
> 「しっぽを追い掛けて取る」あそびを通して人と関わって遊ぶ楽しさを感じられるようにしていきましょう。

> **関わりのポイント**
> ひもの長さを変えておくことで、発達の異なる子どももみんなで遊ぶことができます。

あそびが広がるポイント

子どもの興味につながるよう、ひもの先に玩具や鈴を付けたり、複数のひもをぶら下げたりしてもよいでしょう。

第3章　12か月〜18か月　からだあそび

でこぼこマットあそび

季節	保育者数	準備
いつでも	複数で	しっかり

用意するもの
- 室内マット（数枚）、牛乳パック

準備しておくこと
- 牛乳パックで台や大型積み木を作っておきます。（作り方はP.79参照）

5つの領域をCheck!
養護／環境／健康／人間関係／言葉／表現

遊び方

マットのでこぼこ感を楽しむ

最初はマットの下に何も敷かず、平坦な面で遊び慣れてから、マットの下に牛乳パックの台などを、所々置いて、でこぼこをつけていきましょう。でこぼこなマットの上をハイハイしたり歩いたりして楽しみます。マットの両側にも、補助マットを敷いておきましょう。

関わりのポイント
保育者は、子どもが転がってもすぐに助けられる位置にいるようにします。

あそびが広がるポイント
子どもの月齢や発達に合わせてでこぼこ具合を調整することで、子どもの成長に合ったあそびが展開できます。

ぎったんばったん

季節	保育者数	準備
いつでも	一人から	なし

用意するもの
● なし

準備しておくこと
● なし

5つの領域を Check!
養護／健康／人間関係／環境／言葉／表現

遊び方

1 向かい合って両手をつなぎ、保育者が子どもの体を引っ張って前屈させる

ぎったん

子どもと保育者が向かい合い足を投げ出して座ります。両手をつなぎ、保育者が子どもを前に引っ張って、体をしっかり前屈させます。

関わりのポイント
子どもがぐずったときにやると、気持ちが切り替わります。

2 子どもを後ろへゆっくり倒す

ばったん

次に、子どもを後ろへゆっくり倒します。子どもは、保育者の顔が見えたり見えなくなったりするのを喜びます。

関わりのポイント
子どもを引っ張り上げるのではなく、自分で上体を起こすのを待ちましょう。

あそびが広がるポイント
子どもを倒したり起こしたりするタイミングで「ぎったん」「ばったん」などと声を掛けたり、起こすスピードを変えると、あそびが広がります。

第3章　12か月〜18か月　からだあそび

風船で遊ぼう

季節	保育者数	準備
いつでも	一人から	かんたん

用意するもの
● 風船、ゴムひも、ひも、新聞紙

準備しておくこと
● 室内の柱を使って床と並行にひもを結び、ゴムひもを付けた風船を等間隔にぶら下げておきます。

遊び方

風船を引っ張ったり道具でたたいたりする

床から1メートルくらいの高さに張ったひもに、ゴムひもを使って風船をぶら下げます。風船を引っ張ったり、新聞紙を丸めた棒でたたいて揺らしてみたり、上に投げてみたりして、風船の動きを楽しみましょう。

関わりのポイント
風船が割れやすい場合は、風船をクラフトテープでぐるぐる巻きにすると強度が増します。

関わりのポイント
風船のふわふわした動きを楽しみながら、力加減や動きの調節ができるよう多様な働き掛けを誘いましょう。

あそびが広がるポイント
風船をでんぐりシートなどに変えても楽しめます。子どもに勢いよく当たると危険なので、様子を見ながら遊び方を工夫します。

ゴムくぐり

季節	保育者数	準備
いつでも	複数で	かんたん

用意するもの
- 室内マット、ゴム

準備しておくこと
- 保育室の柵や柱にゴムをくくりつけておきます。
- ゴムの下にマットを敷いておきます。

5つの領域をCheck!
養護／健康／人間関係／環境／言葉／表現

遊び方

ゴムの下をくぐって遊ぶ

歩行が安定している子どもは、またいだり、かがんでくぐったりして遊ぶこともできます。複数のゴムの下をくぐるのも楽しいでしょう。ゴムの高さに合わせて体の動きを工夫することで、子どもの様々な動きが引き出されます。

関わりのポイント
ゴムが子どもの首や足に引っ掛からないように、複数の保育者で援助しながら遊びましょう。

関わりのポイント
必要に応じて、ゴムを上に引っ張るなどして子どもがくぐりやすいように援助し、意欲を支えましょう。

あそびが広がるポイント
子どもの発達に合わせて、ゴムを縦にしたり、斜めにするなどして遊び方を工夫しましょう。子どもは伸びるゴムの特性に興味をもち、体全体を使って試そうとします。

第3章　12か月～18か月　からだあそび

一緒にお散歩

季節	保育者数	準備
いつでも	一人から	かんたん

用意するもの
- ザル（またはカゴ）、ひも、ワイヤーネット、牛乳パック2個、新聞紙、クラフトテープ

準備しておくこと
① 牛乳パックに新聞紙を詰めてクラフトテープで留め、その上にワイヤーネットを置いてひもで固定します。
② ザルを載せ、ひもで固定します。

作り方

ザルの後方に鈴などをつけておくと音を楽しめます。

遊び方

引っ張って歩く

ザルの中に人形や玩具を入れ、引っ張る用のひもをワイヤーネットにくくりつけます。子どもがそれを引っ張って歩きます。お気に入りの人形・玩具と一緒に移動する楽しさから、歩くことも大好きになります。

関わりのポイント
何かを運びながら歩くことが大好きな時期なので、歩く楽しさが増すような環境を整えていきましょう。

踏み踏みゴロゴロ　ウォーターベッド

季節	保育者数	準備
夏	一人から	かんたん

用意するもの
● 布団圧縮袋2枚、水、テープ

準備しておくこと
① 布団圧縮袋の中に水を入れてファスナーを締め、テープで留めます。
② もう1枚の圧縮袋を反対側からかぶせて同じように固定します。

5つの領域をCheck!
健康／人間関係／環境／言葉／表現／養護

遊び方

水を入れた布団圧縮袋の上で寝転がって遊ぶ

水を入れた布団圧縮袋の上で寝転がって、ひんやりとした心地よさや、体の重みで水が移動する感触を楽しみます。ハイハイで袋の上をはったり、保育者も子どもたちと一緒に寝転がったりして、全身を使って遊びましょう。

関わりのポイント
子どもが乗った勢いでファスナーや袋が破れることを防ぐため、水や空気を入れ過ぎないようにしましょう。

関わりのポイント
転倒を避けるため、子どもが布団圧縮袋に飛び乗らないよう気を付け、優しく触れるよう伝えましょう。

あそびが広がるポイント
布団圧縮袋の中に、スーパーボールやスポンジを入れると感触の違いを楽しめます。

第3章　12か月〜18か月　からだあそび

つかんで引っ張って

季節	保育者数	準備
いつでも	一人から	かんたん

用意するもの
- 大きなバスタオル（またはタオルケット）、ひもやゴム

準備しておくこと
- バスタオルを縦長になるようくしゃっと丸め、3か所程度をひもやゴムで留めておきます。

5つの領域をCheck!
健康／人間関係／環境／言葉／表現／養護

遊び方

1　子どもの目の前でバスタオルを動かす

子どもの目の前で、バスタオルをにょろにょろとくねらせながら動かします。

2　子どもがバスタオルをつかんだら、引っ張りっこをする

子どもがバスタオルをつかんだら、力を調整しながら引っ張りっこしましょう。バスタオルにつかまったままの子どもごとゆっくり引っ張って移動しても楽しいあそびです。

関わりのポイント
子どもごと引っ張るとき、くねくね曲がったり、回ったりして動きに変化をつけると、子どもも力の入れ方を調整するようになります。

あそびが広がるポイント
複数の子どもがつかまって遊べるように、タオルケットなど大きな物を用いても楽しめます。その際は危険がないよう、子どもの位置や動き方に注意します。

階段を上って下りて

季節	保育者数	準備
いつでも	複数で	しっかり

用意するもの
- 牛乳パック、新聞紙、クラフトテープ、カラー布テープ、室内マット

準備しておくこと
- 牛乳パックを組み合わせた積み木で階段を作り、カラー布テープを巻きます。（作り方はP.79参照）

遊び方

階段を、ハイハイや立位で上ったり下りたりする

牛乳パックの積み木で作った階段を、上ったり下りたりして遊びます。体の動かし方や力の入れ方、距離感などを認識する力を養うことができます。

関わりのポイント　保育者は、子どもがバランスを崩したときにすぐに支えられるよう、側について見守りましょう。

関わりのポイント　子どもの歩行が不安定な場合は、手をつないでゆっくりと行なえるよう援助します。

関わりのポイント　歩行が安定してきたら、段差の一段はピョンと飛び下りる動きを誘い、新たな動きを試せるようにしましょう。

あそびが広がるポイント
段差に板を置いて傾斜を作ると、ボールを転がすあそびも楽しめます。

第3章　12か月〜18か月　からだあそび

手押し車

季節	保育者数	準備
いつでも	一人から	なし

用意するもの
● マット

準備しておくこと
● なし

5つの領域をCheck!
養護 / 健康 / 人間関係 / 環境 / 言葉 / 表現

遊び方

保育者が子どもの体を持ち上げ、前に進む

うつ伏せになった子どもの腹から胸に両手を当てて、体を持ち上げ、床と背中が平行になるようにします。子どもの肘が伸びたら、前にゆっくり進みます。

関わりのポイント
最初はマットや布団の上で遊びましょう。疲れて腕が曲がり、体が崩れても安心して楽しめます。

関わりのポイント
手のひらを開いて顔が前方を向くようにすると、子どもが前へ進みやすくなります。

関わりのポイント
肩、腕などの筋肉を強め、しゃがむ・立つ・歩くなどいろいろな姿勢運動が自由にできる力を育てます。

あそびが広がるポイント
体を上下に持ち上げるだけでも楽しく遊べます。その子の発達に合わせて遊びましょう。

いい音パンパン！ とどくかな？

季節	保育者数	準備
いつでも	一人から	かんたん

用意するもの
● タンブリン（複数）、ひも、棒

準備しておくこと
① タンブリンの側面の穴にひもを通して結びます。
② ひもつきのタンブリンを棒にくくりつけます。

遊び方

ぶら下がっているタンブリンをたたいて音を鳴らす

壁を利用して、タンブリンがぶら下がった棒を設置します。しゃがんだり、座ったり、立ったり、手を伸ばしたりして、いろいろな高さにあるタンブリンをたたいて音を出すことを楽しみます。

関わりのポイント
最初は保育者がタンブリンをたたいて見せて、音を聞かせましょう。

関わりのポイント
子どもが音に興味をもったら、タンブリンを増やして、高い所や低い所に設置してみましょう。

あそびが広がるポイント
ひもを付けたタンブリンを床に置いて保育者が引っ張り、子どもが追い掛けてたたく遊び方もあります。タンブリンの種類を増やして、音の違いを楽しめるようにするのもよいでしょう。

第3章　12か月〜18か月　身近な素材のあそび

一緒にビリビリ

季節	保育者数	準備
いつでも	一人から	なし

用意するもの
● 新聞紙、段ボール箱、のり、ポリ袋

準備しておくこと
● なし

5つの領域をCheck!
養護／健康／人間関係／環境／言葉／表現

遊び方

1 子どもと一緒に新聞紙を破る

関わりのポイント
子どもが手に取って破ることができるよう、小さく破いてから子どもに渡しましょう。

ビリビリ

新聞紙を破る動きに合わせて「ビリビリ」と言葉を添えます。破った新聞紙は、紙吹雪のように投げたり、手でかき混ぜたりして楽しみます。

2 破った新聞紙を段ボール箱に貼り付ける

破った新聞紙を段ボール箱にのりで貼り付け、「もじゃもじゃ段ボール箱」を作ります。のりが乾いたら、今度はビリビリと剥がして遊びます。

3 子どもと一緒に新聞紙を集めて片付ける

ないなーい

遊び終わったら、子どもと一緒に新聞紙を集め、「ないなーい」と言いながら袋に詰めて、片付けます。

関わりのポイント
子どもが持っている新聞紙を「ちょうだい」「どうぞ」とやり取りをしながら集めましょう。

あそびが広がるポイント

破った新聞紙を段ボール箱に入れて、紙のお風呂にしてもよいでしょう。大きい物を用意すると複数の子どもが一緒に入れるので、ボールプールのように盛り上がります。カラフルなフラワーペーパーを使うと感触や色の違いを楽しめます。

寒天で遊ぼう

季節	保育者数	準備
いつでも	一人から	しっかり

用意するもの
- 粉末寒天、水、食紅、鍋、敷物、手拭きタオル、容器（トレーなど）、透明の容器（プリンカップなど）、スプーン、型抜き、ストロー

準備しておくこと
① 食紅を溶いた水と寒天を鍋に入れて、弱火で煮ておきます。
② 遊ぶ場所に敷物を敷いておきます。

5つの領域をCheck!
養護／健康／人間関係／環境／言葉／表現

遊び方

1 寒天の感触を楽しむ

関わりのポイント
直接触ることに抵抗がある場合は、スプーンなどを使って間接的に楽しめるようにしましょう。

容器に流し入れて冷ました寒天を、指でつついたり手のひらでなでたりして感触を楽しみます。冷蔵庫で冷やしておくと、ひんやりした感触に。

2 透明の容器に寒天を移す

プリンカップなど、他の透明な容器に移して遊びます。様々な色の寒天を少しずつ透明カップに入れて眺めるのも楽しいでしょう。

3 型抜きで寒天をくり抜く

型抜きを使って、寒天を様々な形にくり抜いてみましょう。

関わりのポイント
ストローを、ケーキのろうそくのように刺していくあそびも楽しめます。

あそびが広がるポイント
水の分量を変えると固さが変わり、感触の違いを楽しめます。また、固めるときに、瓶や容器の蓋などを埋め込んでみましょう。埋まっているものを保育者が取り出して見せたりすると、子どもの興味が広がります。

第3章　12か月〜18か月　身近な素材のあそび

スズランテープで遊ぼう

季節	保育者数	準備
いつでも	一人から	かんたん

用意するもの
- スズランテープ、突っ張り棒

準備しておくこと
- 突っ張り棒に、スズランテープをカーテンのようにつけておきます。

5つの領域をCheck!

遊び方

スズランテープで作ったカーテンをくぐり、揺れる様子を楽しむ

スズランテープをつけた突っ張り棒を、室内に設置します。その下を子どもたちがカーテンをくぐるように自由に歩きます。歩き回ることが大好きなこの時期。スズランテープが揺れるのを感じて楽しみます。

関わりのポイント
ままごとコーナーの入り口につけると玄関のようになり、あそびが広がります。

関わりのポイント
首や手に巻き付かないように見守りましょう。

関わりのポイント
外に設置して、風でスズランテープが揺れるのを楽しんでもよいでしょう。

あそびが広がるポイント
スズランテープでポンポンを作ります。子どものズボンに挟んでお尻に付けると、体を動かしたときにポンポンが揺れて、子どもは喜びます。

傘袋で遊ぼう

季節	保育者数	準備
いつでも	一人から	なし

用意するもの
● 傘袋（ポリ袋）

準備しておくこと
● なし

5つの領域を Check!

遊び方

膨らんだ傘袋を使って、自由に遊ぶ

子どもの前で傘袋を膨らませて、口を結び、子どもに渡します。このとき、あらかじめ傘袋に目や鼻をつけておくと膨らませたときに顔になり、子どもが喜びます。

関わりのポイント
傘袋を膨らませているときに子どもが触ろうとしたら、わざとしぼませると不思議がり、喜びます。

関わりのポイント
傘袋の中にちぎった色紙を入れておくと、子どもが振ったときに動いてきれいです。

あそびが広がるポイント
保育者が傘袋をヘビに見立てて、「食べちゃうぞ〜」と子どもたちを食べるまねをすると、ふれあいあそびに発展します。

第3章　12か月〜18か月　身近な素材のあそび

ビニールテープで遊ぼう

季節	保育者数	準備
いつでも	一人から	かんたん

用意するもの
- いろいろな色のビニールテープ、段ボール板

準備しておくこと
- 床や窓、段ボールに、3〜10cm程度に切ったビニールテープを貼ります。剥がしやすいようテープの端を少し折っておきましょう。

5つの領域をCheck!

遊び方

床や窓、段ボール板に貼ってあるビニールテープを剥がす

1歳を過ぎると、指でつまんで引っ張るなどの微細な動きができるようになります。剥がすことを思いっきり楽しめるような環境を作りましょう。

関わりのポイント
同じ場所に子どもが集中しないよう、広い範囲にビニールテープを貼りましょう。

関わりのポイント
剥がしたビニールテープを、子どもが口に入れないように気を付けましょう。

関わりのポイント
ビニールテープの貼り方を工夫して形を作ると、子どものイメージが広がります。

あそびが広がるポイント
床にビニールテープを貼りめぐらせると、ビニールテープの上を子どもが歩き回ったり、道路に見立てて玩具の車を走らせたりして、あそびが広がります。

郵便はがき

〒 543-0001

（受取人）

大阪市天王寺区
上本町3-2-14
ひかりのくに株式会社
ご愛読感謝キャンペーン係行

62円分の切手を貼って発送してください。

■ご購入いただいた商品に✓印を入れてください

■年齢別クラス運営シリーズ
□0歳児 □1歳児 □2歳児 □3歳児 □4歳児 □5歳児

■改訂版にれなる書ける！シリーズ
□0歳児 □1歳児 □2歳児

■年齢別保育資料シリーズ
□0歳児 □1歳児 □2歳児 □3歳児 □4歳児 □5歳児

フリガナ　　　　　　　　　　　　　　　性別　　年齢
お名前　　　　　　　　　　　　　　　□男 □女　　　歳

ご住所

所属　□幼稚園 □保育所 □認定こども園 □小規模保育 □学生 □その他（　　　）
保育経験　　年　　　担当年齢　　　歳児　　所属園名・校名

今後、ひかりのくにの新刊情報やおすすめ絵本情報などの送付を希望しますか？
□希望する　□希望しない（いずれの場合も個人情報はプレゼントと情報発送以外には使用しません。）

------- キ リ ト リ 線 -------

ひかりのくに 2019年春の保育図書フェア
ご愛読感謝キャンペーン応募者全員プレゼント

このたびはひかりのくにの保育図書をお買い上げいただき誠にありがとうございます。2019年春の保育図書フェアでは、対象商品をお買い上げのアンケートにお答えいただいた読者全員に、オリジナルデザインのマスキングテープをプレゼントいたします。

▼絵：tupera tupera

▼絵：谷村あかね

※デザインは変更になる場合があります。

●応募方法
左記のアンケートハガキにアンケートの回答と、送り先などの項目をご記入の上アンケートに62円分の切手を貼って郵送してください。

●締め切り
2019年6月30日（当日消印有効）
マスキングテープは締め切りの約1か月後までにお届け予定です。

●対象商品

▼改訂版にれなる書ける！シリーズ
0歳児の指導計画
1歳児の指導計画
2歳児の指導計画

▼年齢別クラス運営シリーズ
0歳児の保育
1歳児の保育
2歳児の保育
3歳児の保育
4歳児の保育
5歳児の保育

▼年齢別保育資料シリーズ
0歳児のあそび
1歳児のあそび
2歳児のあそび
3歳児のあそび
4歳児のあそび
5歳児のあそび

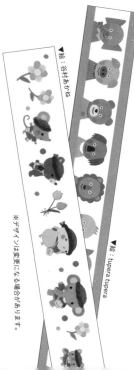

＜アンケートにご協力をお願いします＞

1. 今回、対象保育図書を購入した決め手を教えてください。
また、ご感想やご意見もお願いします。

2. 対象保育図書以外に今春購入した保育図書・保育雑誌もあれば教えてください。
また、その購入理由やご感想もお願いします。

3. 今後欲しい保育図書のテーマは何ですか？ 以下の中から選んでください（複数回答可）。具体的な内容を教えてください。
今まで読んで良かった保育図書などがあれば教えてください。

   1. 指導計画 2. 発達 3. 環境構成 4. 歌・曲集 5. 手遊び
   6. 製作・造形 7. 図画 8. 運動 9. 遊び 10. 出し物・シアター 11. 自然
   12. 壁面 13. お便り 14. イラスト 15. 要領・指針 16. その他

4. 園の書類作成の際の環境について教えてください。
   ① 使っているパソコンは何ですか？ また職場の物ですか？
   ② データダウンロードを利用しますか？
   ③ 書類作成の際に使うソフトは何ですか？
   また、そのソフトで作成する書類は何ですか？

5. 保育についての情報は何から得ていますか？ 右記の当てはまる項目に☑印を入れてください（複数回答可）。

6. 保育で何か困っていること、また、ひかりのくにへのご意見など、ご自由にお書きください。

＜アンケート回答欄＞

1. 購入の決め手・ご感想・ご意見

2. 他の購入本・ご感想・ご意見

3. 今後欲しい本、良かった本
   テーマの番号を記入してください

4. 書類作成・PCの環境 当てはまる項目に☑印を入れてください。
   ① □Windows □Mac （私物・職場の物）
   ② □する □しない (CD-ROM、もしくはDVDでもよい)
   ③ □Word (作成書類:) □Excel (作成書類:)
      □その他（   ）

5. 保育の情報
   □先輩・同僚 □書籍・雑誌 □ネット（スマホ・タブレット・PC）
   □その他（   ）

6. ご意見など

キリトリ線

容器で遊ぼう

季節	保育者数	準備
いつでも	一人から	なし

用意するもの
- いろいろな大きさのプラスチック製容器やボウル

準備しておくこと
- なし

遊び方

容器を様々な物に見立てて遊ぶ

この時期になると、大人のまねをするようになります。ままごとで容器をお鍋に見立てて遊んだり、帽子に見立てて頭にかぶったり、自由に見立てあそびを楽しみます。

関わりのポイント
先に保育者が容器をいろいろな物に見立てて遊んで見せましょう。

関わりのポイント
この時期の玩具は一つの遊びしかできない物よりも、様々な遊びができる物が適しています。

あそびが広がるポイント
カラフルなお花紙や色紙など、様々な素材を用意しておくと、子どもが容器の中に好きな物を入れて遊びます。

第3章 12か月〜18か月 身近な素材のあそび

ポンポン絵の具

季節	保育者数	準備
いつでも	一人から	かんたん

用意するもの
- 段ボール板、乳酸菌飲料の空き容器、ペーパー芯、絵の具、パレット（または紙皿）、筆、水、タオル、画用紙（または模造紙や和紙）

準備しておくこと
① 段ボール板を丸めて、テープで留めます。
② ペーパー芯を、様々な形に指で成形します。

5つの領域をCheck!
養護／環境／人間関係／健康／言葉／表現

遊び方

1 用意した素材の底に絵の具をつける

2 絵の具をつけた素材を、紙の上に押して遊ぶ

段ボールやペーパー芯、空き容器の底に、絵の具をつけます。最初は筆を使って、素材の底に絵の具を塗るとよいでしょう。

関わりのポイント
筆の次は、パレットに直接素材の底をつけてみましょう。絵の具をつける楽しさも味わえます。

素材を、スタンプのように紙の上に押しつけます。紙に色や形が写ることにおもしろさを感じ、繰り返し遊びます。紙の下には、タオルなど下敷き代わりになる物を敷いておきましょう。

関わりのポイント
絵の具に慣れたら、指や手で絵の具に触れるよう援助します。感触を味わうことで、素材への関心を深めます。

あそびが広がるポイント
子どもが絵の具に慣れてきたら、画用紙や和紙をぬらして、にじみ絵に発展できます。じんわりと色が広がっていく様子を見て楽しみます。

靴下で遊ぼう

季節	保育者数	準備
いつでも	一人から	かんたん

用意するもの
● ハイソックス（子どものサイズよりも大きい物）

準備しておくこと
● 靴下の入り口を3回ぐらい丸めて縫い付けます。入り口にプラスチックリングを縫い付けてもよいです。

5つの領域をCheck!

遊び方

自分の足より大きい靴下を、はいたり、手にはめたりして遊ぶ

ズボンや靴下を自分ではきたいけれど、なかなか一人ではできない時期。サイズが大きい靴下なら一人ではけて、達成感をもつことができます。

関わりのポイント
子どもが「自分でできた」という達成感をもてるようなことばがけをしましょう。

関わりのポイント
あそびの中で靴下をはくことに興味がもてるようになります。

あそびが広がるポイント
手にはめたり、玩具を入れたりして、かばんのように持ち歩いて遊べます。

第3章　12か月〜18か月　身近な素材のあそび

第3章　12か月〜18か月　身近な素材のあそび

ハンカチで遊ぼう

季節	保育者数	準備
いつでも	一人から	なし

用意するもの
● ハンカチ

準備しておくこと
● なし

 遊び方

ハンカチをいろいろな物に見立てて遊ぶ

イメージあそびをするときにハンカチを置いておくと、いろいろな物に見立てて遊びます。この時期は手先と手首の動きが発達し、振る、包む、かぶる、引っ張るなどの動作ができます。

関わりのポイント
牛乳パックでハンカチ入れを作っておくと、子どもがハンカチを選びやすく、片付けも自分でできるようになります。

あそびが広がるポイント
三角巾や包帯、お弁当箱を包むなど、様々な遊び方があります。子どもは自分で結ぶことができないので、保育者が手伝ってあげましょう。

ホースで遊ぼう

季節	保育者数	準備
いつでも	一人から	かんたん

用意するもの
● ホース

準備しておくこと
● ホースを15～20cm程度の長さに切ってたくさん用意しておきます。

遊び方

ホースをいろいろな物に見立てて遊ぶ

ままごとコーナーなどいろいろな場所に置いておくことで、子どもが自由に遊び始めます。ホースは洗うことができるので、口に入れてしまう子どもの部屋でも衛生的に遊べる素材です。

関わりのポイント
歯の生え始めで、カミカミしたい時期の子どもに、歯固め代わりとして使うこともできます。

あそびが広がるポイント
まずは保育者がホースをいろいろな物に見立てて遊びましょう。そこから子どもたちのイメージが広がっていきます。

第3章　12か月〜18か月　手作り玩具

牛乳パックのイス

季節	保育者数	準備
いつでも	一人から	しっかり

用意するもの
- 牛乳パック、新聞紙、クラフトテープ、布、糸

準備しておくこと
① 牛乳パックに新聞紙を詰めて、上部（口の部分）を閉じクラフトテープで留めます。
② 幾つか作って組み合わせ、コの字型のイスを作り、布などを貼ります。

5つの領域をCheck!
養護／環境／健康／人間関係／言葉／表現

作り方

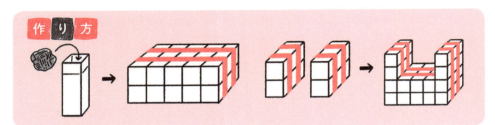

遊び方

座ったり、押したり、重ねたり、いろいろな遊び方を楽しむ

イスのようにして座ったり、子どもを乗せて保育者が押してもいいでしょう。
積み木のように重ねても楽しいでしょう。

関わりのポイント
危険がない範囲で多様な関わり方を認め、子どもの感じているおもしろさを言葉にして共感しましょう。

くるっと回してばあ

季節	保育者数	準備
いつでも	一人から	しっかり

用意するもの
● フェルト、布、糸、棒（丸い箸）

準備しておくこと
① 2枚のフェルトを丸く切り、2枚を合わせて中に綿を入れて縫い合わせます。
② 下から棒を差して接着剤で布と固定します。

遊び方

布で作ったペープサートをくるっと回して、絵の変化を楽しむ

風船の面を見ながら「いないいない…」と言います。「ばあ」で棒をくるっと回し、動物の面を見せます。繰り返すうちにまねをして子ども一人でも遊ぶようになっていきます。

関わりのポイント
いないいないばあを自分で楽しむあそびです。1歳を過ぎると、保育者のまねをしたり、見えたり隠れたりの展開を予測して物に関わることもできるようになってきます。

関わりのポイント
言葉も出る時期なので「いないいない‥」「ばあ！」と言葉を添えながら遊ぶことにもつながっていきます。

あそびが広がるポイント
画用紙に絵を描いて、くるくる回すと絵の重なりを楽しめます。一方には顔の輪郭、もう一方に表情を描いて回すと絵が完成して見えます。

第3章　12か月〜18か月　手作り玩具

入れたり出したりタワー

季節	保育者数	準備
いつでも	一人から	しっかり

用意するもの
- ペーパー芯、その他筒状の棒、ひも、チェーン、毛糸、ボトルキャップなど

準備しておくこと
- 芯などの筒状の棒をたくさん並べ貼り合わせます。
- 芯（棒）の長さをいろいろ変えておくと、遊びが広がります。

5つの領域をCheck!

遊び方

筒の中に入れたり出したりして楽しむ

穴に入りそうな物を詰めていきます。芯を上にあげると中身が出てくるので、繰り返し遊べます。芯にひもやチェーンを入れて、引っ張り出して遊ぶこともできます。長い芯には輪っか状の物（テープの芯など）を通しても遊べます。

関わりのポイント
芯の近くに、「穴の中に入れられる物」「棒に通して遊べる物」を種類別にカゴなどに入れて置いておきましょう。出して遊ぶときは、少しだけ素材を穴から出しておくと興味がそそられます。

関わりのポイント
「入れる、出す」だけでなく、「入るかな？」「どこまで出てくるんだろう？」と好奇心に基づいた動作が生まれるよう工夫してみましょう。

あそびが広がるポイント
床に置いたりタペストリーのように壁に付けたりいろいろな姿勢で遊べるよう工夫しましょう。

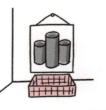

積んで並べて

季節	保育者数	準備
いつでも	一人から	かんたん

用意するもの
- 牛乳パック（500mlと1l、それぞれ偶数）、包装紙や布、カラー布テープ

準備しておくこと
① 同じ大きさの牛乳パックを2つ用意し、パックの口を開いて、かぶせます。
② 周囲を包装紙や布、カラー布テープで巻きます。

5つの領域を Check!

遊び方

積んだり、並べたり、崩したりして遊ぶことを楽しむ

積み木のように積んだり並べたりして遊びます。1lと500mlの大きさで幾つか作っておくと、次第に形を組み合わせて遊ぶようにもなっていきます。

関わりのポイント
最初は保育者が積んで見せましょう。子どもが崩して遊ぶやり取りを楽しみます。

関わりのポイント
パックの中は空洞なので、鈴などを入れて音が出るようにしても楽しめます。パック積み木の強度を増したいときは、中に新聞紙を詰めるとよいでしょう。

関わりのポイント
多様性があるため、いろいろな関わりを試すことができ、物への関心を高めます。

あそびが広がるポイント
子どもの周囲に並べて囲み、一人あそびの空間をつくってみましょう。レンガのように組み合わせてお家を作っても楽しめます。

第3章　12か月〜18か月　手作り玩具

段ボールハウス

季節	保育者数	準備
いつでも	一人から	しっかり

用意するもの
- 段ボール、牛乳パック、新聞紙、クラフトテープ、絵の具、色画用紙など

準備しておくこと
- 牛乳パックのレンガ（牛乳パックに新聞紙を詰めて閉じた物）や段ボールで、ハウス（おうち）を作ります。

5つの領域をCheck!
養護／健康／人間関係／環境／言葉／表現

遊び方

段ボールハウスの中に入って遊ぶ

ハウスに入ったり、出たりして遊びます。見え方の変化が楽しめるよう、低い位置や高い位置に窓を設けたり、ハウスの中からの景色を楽しめるよう、子どもの好きな写真や絵を描いておいておきましょう。

関わりのポイント
窓枠につかまってのぞき込んだり、壁に貼ってある写真を眺めたり、いろいろな見え方を試したくなるような好奇心を刺激する空間をつくってみましょう。

関わりのポイント
窓の外側から「こんにちは」と、のぞき込んだりして、子どもとやり取りを楽しみましょう。

関わりのポイント
一人でじっくり遊んでいる場合は集中できるよう見守り、一人あそびを保障する空間づくりと援助を心掛けましょう。

あそびが広がるポイント
ハウスだけではなく、電車やバスといった乗り物や、水族館（海の中）など、見え方を楽しみイメージが広がるような空間づくりを工夫してみましょう。

122

ひみつ基地

季節	保育者数	準備
いつでも	一人から	かんたん

用意するもの
- フープ、半透明のポリ袋（もしくは透け感のある布）、ひも

準備しておくこと
- フープにポリ袋や透けている布をつけて、トンネルやテントのような形にし、ひみつ基地を作ります。

遊び方

ひみつ基地に入って、遊ぶ

ひみつ基地の中での見え方を楽しんだり、中に入ってじっくりと一人あそびを楽しんだりします。

関わりのポイント
中に入っている子どもが多くなりすぎると、子ども同士のトラブルが生じやすくなります。

関わりのポイント
子どもは狭い空間が大好きです。じっくりと一人あそびを楽しんだり、見え方の変化を楽しんだり、落ち着いてくつろげるような空間をつくりましょう。

関わりのポイント
事故を防ぐためにも、人数を調整し、中の様子をこまめにうかがいましょう。半透明や透け感のある布を用いると中の様子も把握できます。

あそびが広がるポイント
ポリ袋にシールを貼ったり、油性フェルトペンで落書きをしたりして遊びます。

第3章　12か月〜18か月　自然あそび

葉っぱで遊ぼう

季節	保育者数	準備
秋	複数で	かんたん

用意するもの
- なし

準備しておくこと
- 落葉樹が植えられている公園や園庭の下見をしておきます。

5つの領域をCheck!

遊び方

落ち葉をかき集めて山を作り、埋もれたり空中に投げたりして遊ぶ

葉っぱに埋もれたり投げたりして、ヒラヒラと舞う葉っぱの動きや音、感触を楽しむ遊びです。子どもの頭の上に葉っぱを載せたり、大きな葉っぱでいないいないばあをしたり、触って感触を楽しんだり、葉っぱとのいろいろな関わりを楽しみましょう。

関わりのポイント
保育者が両手いっぱいの落ち葉を空中に投げて風に舞う様子を見せるなど、ダイナミックに遊んでみましょう。子どもの心が期待と好奇心で満たされるような落ち葉との出会い方を工夫します。

関わりのポイント
自然の変化に不思議さやおもしろさを感じ、周囲の環境への関心が高まるよう、思い切り諸感覚を使って自然を感じられるあそびを取り入れていきましょう。

関わりのポイント
葉っぱやドングリを持ち帰り、飾ったり葉っぱを使った造形あそびをしてもよいでしょう。

関わりのポイント
歩けるようになる頃は、動く物を追い掛けるなど、自分の力で世界を広げていけることに喜びを感じています。

あそびが広がるポイント
きれいな色や同じ大きさの葉っぱを集めて並べたり、ドングリをのせるお皿にしたりしても楽しめます。

シャボン玉をつかまえよう

季節	保育者数	準備
いつでも	複数で	かんたん

用意するもの
- シャボン玉の液、容器、ストロー、うちわの骨、ハンガー、毛糸、タライ

準備しておくこと
- シャボン玉の液を作り、容器やタライに入れておきます。

遊び方

風に舞うシャボン玉を追い掛けて遊ぶ

戸外の広い場所で、シャボン玉を飛ばします。
シャボン玉が風に揺れるのを眺めたり追い掛けたりして遊びます。

関わりのポイント
「ふわふわ～」「ばいば～い」などと声を掛けてシャボン玉の動きを眺めるだけでも楽しめます。

関わりのポイント
1歳を過ぎて歩けるようになってくると、好奇心や探索意欲がますます高まっていきます。シャボン玉が風で飛ぶ不思議さを感じながら、体を動かして動きを追える楽しさや喜びを味わいます。

関わりのポイント
何かを追い掛けているときは視野が狭くなるため、周囲にぶつかるものがないよう、広い場所で行ないましょう。

あそびが広がるポイント
うちわの骨を使って小さなシャボン玉をたくさん作ったり、毛糸を巻いたハンガーを使って大きなシャボン玉を作ったりすると、好奇心を刺激できます。

第3章　12か月〜18か月　自然あそび

探索で宝物集め

季節	保育者数	準備
いつでも	一人から	しっかり

用意するもの
● ペットボトル、ビニールテープ、ひも

準備しておくこと
① ペットボトルの上部三分の一を切り離し、切り口にビニールテープを巻いておきます。
② 上部をかぶせて、ひもをつけます。

遊び方

自然の中で探索しながら、宝物集めを楽しむ

公園など自然豊かな場所へ散歩に出かけましょう。木の実や落ちている枝や葉っぱ、小石を拾って、好奇心を働かせて十分に探索を楽しみます。探索の中で発見した物をバッグに入れて集めます。

関わりのポイント
透明のバッグは、集めた宝物をいつでも見て確認することができます。集めたり眺めたりを繰り返し楽しめるよう子どもが持ち歩くこともできる大きさにしましょう。

関わりのポイント
自然は子どもの好奇心を刺激する宝庫です。様々なものとの出会いに心が動かされるような経験を大切にしていきましょう。

関わりのポイント
探索範囲は決めておき、子どもが安全に遊べるよう援助します。歩けるようになり、自分の意思でいろいろな場所へ移動ができるようになると、ますます探索意欲が増してきます。

あそびが広がるポイント
持ち帰った宝物は、個々の「宝箱」に入れましょう。いつでもみんなで眺められるよう、宝箱などに入れ、見える場所に置いておきます。

地面にお絵かき

季節	保育者数	準備
いつでも	一人から	なし

用意するもの
- バケツ、水

準備しておくこと
- なし

遊び方

地面に絵を描いたり消えたりすることを楽しむ

コンクリートの地面に、水でぬらした手指を使って絵を描きます。ぬらした手をグーにして小指側を地面につけ、その上に指でチョンチョンとスタンプして、小さな足裏を描いてみましょう。足跡のように描いていくと子どもがその上を歩いて遊びます。カップなどに水をつけスタンプを押していくと大きな作品ができあがります。

> **関わりのポイント**
> 天気のよい日に行なうと水が乾いて消える様子も楽しめます。その際は、あそびに夢中になって熱中症にならないよう配慮しましょう。

> **関わりのポイント**
> ぬれると色が変わるおもしろさに共感しながら関わりましょう。物の性質に対する興味が増していきます。

> **関わりのポイント**
> 小枝や小石で土に絵を描くのも楽しめますが、コンクリートの地面に水を使うと色が濃く現れ、自然と消えていく様子も興味をそそります。

あそびが広がるポイント
スポンジをガーゼでくるみ、割りばしに付けた物を使って、絵や線をコンクリート地面に描いても遊べます。

第4章　18か月〜24か月　ふれあいあそび

みんなでつながって電車あそび

季節	保育者数	準備
いつでも	複数で	かんたん

用意するもの
● フープ（ホース）、ひも

準備しておくこと
● フープとフープをひもでつなげます。ホースを輪にしても利用できます。

5つの領域を Check!
健康／人間関係／環境／言葉／表現／養護

遊び方

先頭のフープに保育者が入って、「出発しまーす」と子どもを誘う

フープに子どもが入ったら、音楽に合わせて移動しましょう。他の子どもが参加する時は「止まりまーす」と言って停車し、子どもがフープに入るようにします。準備ができたら「出発しまーす」と言って発車しましょう。

関わりのポイント
保育者が周囲の子どもを誘ったり、仲立ちとなったりすることで、他児と楽しさを共有しながら遊べるようになっていきます。

あそびが広がるポイント
ひもを外すと、一人ひとりが一つのフープで電車あそびを楽しめます。フープに長いひもを結んで、箱を付けて引っ張ることもできます。

とびら　閉まるかな!?

季節	保育者数	準備
いつでも	複数で	なし

用意するもの
● なし

準備しておくこと
● なし

5つの領域を Check!

遊び方

1 「とびら」をくぐる

保育者二人が向かい合って手を合わせ、『ロンドン橋』の替え歌をうたいます。「とびらが閉まる、閉まる、閉まる、とびらが閉まる、さあどうしましょう」とうたいます。子どもが腕の下をくぐります。

関わりのポイント　最初は保育者が子どもを誘うと安心できます。

2 捕まえた子どもとスキンシップ

「さあどうしましょう」で手を下ろし、両手で子どもを捕まえます。そのまま抱っこして、高い高いでスキンシップをとりましょう。

あそびが広がるポイント
保育者が四つばいになり、その下を子どもがハイハイでくぐる「トンネル落ちるかな?」バージョンも楽しめます。

※『ロンドン橋』訳詞／高田三九三　イギリス民謡

第4章　18か月〜24か月　ふれあいあそび

129

第4章　18か月〜24か月　ふれあいあそび

『ぞうさん くものす』ゲーム

季節	保育者数	準備
いつでも	複数で	かんたん

用意するもの
- なし

準備しておくこと
- 安全な広い場所を確保します。

5つの領域をCheck!

遊び方

1 ♪一人のぞうさん　くものすに
かかって遊んでおりました

『ぞうさんくものす』の歌をうたいながら片手をゾウの鼻のように揺らし、のっしのっしと歩いて回り子どもを追い掛けます。

2 ♪あんまり愉快になったので
もう一人おいでと呼びました

「あんまり愉快に……」で子どもに近づき、「もう一人おいでと……」で子どもを捕まえくすぐります。間をとるなどして期待感を高めましょう。

3 ♪二人のぞうさん　くものすに

捕まえた子どもと手をつないで、「二人のぞうさん…」と歌いながら他の子どもを追い掛けます。

終わりのポイント
子どもと一緒に追い掛けるときに、「もう一人は誰を呼ぶ？」と聞いて、他児への関心につなげましょう。

4 子どもを抱き、「くものすプチンと……」で床にゴロンと転がる

あそびが広がるポイント
子どもの発達に合わせて、追い掛ける人数を増やしていくと、手つなぎ鬼に発展していきます。

※『ぞうさんくものす』外国曲

いろいろ何色？

季節	保育者数	準備
いつでも	複数で	かんたん

用意するもの
- いろいろな色のフープ、色のカード（色画用紙を小さく切った物）

準備しておくこと
- 広いスペースに、フープをランダムに並べておきます。

遊び方

保育者がカードを選び色の名前を言ったら、子どもがその色のフープに入る

保育者は「いーろーいーろーなーにいろ？」と歌って問い掛けます。次に、保育者は色のカードから一枚を取り出し、「赤！」などとカードの色を言います。子どもと一緒にその色のフープを探して中に入ります。

関わりのポイント
保育者はカードを持って「赤色どーこだ？」と探し歩き、「こっちだよ」と子どもを誘います。

関わりのポイント
色はまだ分からないけれど、フープに入ることを楽しんでいる子どもも、見守りましょう。

関わりのポイント
子どもの人数に合わせて、同じ色のフープを幾つか用意し、全員が入れるように工夫しましょう。

あそびが広がるポイント
フープをビニールテープにしてもよいでしょう。ビニールテープで円形、三角形などを作り、そこに入るようにしても楽しめます。

第4章　18か月～24か月　からだあそび

フープでアスレチック

季節	保育者数	準備
いつでも	複数で	かんたん

用意するもの
● いろいろな大きさのフープ、ロープ（または棒）、ひも

準備しておくこと
● ロープ（または棒）に、等間隔にフープをひもでつるします。

5つの領域をCheck!

フープを使って、いろんな動きを楽しむ

上からつるしたフープをまたいだり、くぐったり、ピョンと跳んだりして遊びます。

関わりのポイント
保育者がフープの反対側から向かい合わせになって子どもと手をつないで行なうと安心感をもって遊べます。

関わりのポイント
複数人で行なうときは、前の子どもとぶつからないよう、フープとフープの間隔をとりましょう。

関わりのポイント
1歳後半になってくると、歩く動きも滑らかになってきます。またいだり跳んだりといった動きも発達してきますので、こうした動きを楽しめる環境をつくってみましょう。

あそびが広がるポイント
発達に合わせて、フープを少しだけマットから浮かせて「またぐ」動きを取り入れてみましょう。フープの両サイドを手すりのように持って行ないます。

はらぺこくじらのご飯集め

季節	保育者数	準備
いつでも	一人から	しっかり

用意するもの
- 布のボール、布で作った大きなくじら（ボールを入れる袋として使用）

準備しておくこと
- 布で大きなくじらを作り、ボールを詰め、口の部分はファスナーで開閉できるようにします。

作り方

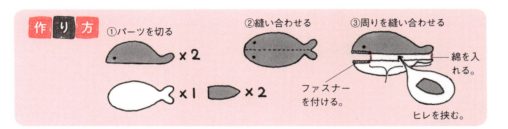

①パーツを切る　②縫い合わせる　③周りを縫い合わせる
ファスナーを付ける。　綿を入れる。　ヒレを挟む。

遊び方

1 くじらの口を開ける

くじらの口を開けて、一気にボールを転がします。「あ〜あ、くじらさん腹ペコでぺしゃんこになっちゃった」「みんなでお食事を集めよう」とボール集めに誘いましょう。

2 ボールを集める

子どもたちは転がったボールを追い掛けて集めます。

3 ボールをくじらの口の中に入れる

子どもたちが集めたボールをくじらの口の中に入れていきます。

関わりのポイント
くじらの口を大きく開けて「もっと食べたいなあ」などと言って、繰り返しボール集めを楽しめるように工夫します。

4 袋がいっぱいになったらファスナーを閉める

第4章　18か月〜24か月　からだあそび

第4章　18か月〜24か月　からだあそび

ぶら下がりマスター

季節	保育者数	準備
いつでも	複数で	かんたん

用意するもの
- タオル（子どもの体重を支えられる強度の物）、マット

準備しておくこと
- タオルを棒状にしておきます。

遊び方

1 保育者二名がタオルの両端を持つ

2 子どもはマットの上に立ち、両手でタオルをつかむ

あまりタオルを高く上げ過ぎないよう注意します。

3 保育者は徐々にタオルを上に上げる

子どもの足がマットから数cm離れたらそのままキープしましょう。

関わりのポイント
2歳頃になると、握る力や腕の力の加減が分かり、ぶら下がるあそびも楽しめるようになります。

あそびが広がるポイント

ぶら下がった状態で「ぴょーん」と、床に並べたフープの中に着地するあそびも楽しいでしょう。「やったね！ぶら下がりマスターだよ！」と子どもと一緒に喜びましょう。

ペットボトルボウリング

季節	保育者数	準備
いつでも	複数で	かんたん

用意するもの
● ペットボトル、風船、クラフトテープ

準備しておくこと
① ペットボトルにイラストを描いた紙を貼り、ピンに見立てます。
② 膨らませた風船にクラフトテープをぐるぐる巻きつけ、ボールにします。

遊び方

ボールを使ってピンを倒すことを楽しむ

少し離れた場所からボールを投げたり、蹴ったり、転がしたりしてピンを倒します。倒れたら子どもと一緒に喜びましょう。

関わりのポイント
複数の子どもが一度にボールを転がして一緒にピンを倒しても楽しいでしょう。

関わりのポイント
複数の子どもと一緒に行なうと楽しい雰囲気が増します。順番に行ないながら、友達がピンを倒したときは「○○ちゃん、やったあ」と一緒に喜べるよう関わりましょう。

関わりのポイント
1歳半を過ぎると、他児を意識してまねし合う姿が見られるようになってきます。他児と一緒の空間で同じあそびを楽しめる環境を整えていきましょう。

あそびが広がるポイント
簡単に倒せるようになってきたら、ペットボトルに少し水を入れて重さを出したり、ピンとの距離を開けたりして発展させましょう。

第4章 18か月〜24か月 身近な素材のあそび

キラキラアルミホイル

季節	保育者数	準備
いつでも	一人から	かんたん

用意するもの
● アルミホイル、玩具

準備しておくこと
● いろいろな大きさの玩具をアルミホイルで包んでおきます。

遊び方

アルミホイルで包んだ玩具を子どもに渡す

キラキラとした不思議な素材に興味津々で観察します。指先を使って剥がしたり、破ったり、広げたりして遊びます。

関わりのポイント
1歳半頃になると、指先の動きも巧みになり、力加減も調節できるようになってきます。

関わりのポイント
素材の特性を楽しむだけでなく、何が出てくるか期待を持ちながら発見の喜びを味わえるようにしましょう。

関わりのポイント
キラキラと反射する、やや硬め、触るとカサカサと音がする、簡単に破れるなどのアルミホイルの特性を十分楽しみます。

あそびが広がるポイント
剥がし終わったアルミホイルでまた玩具を包んでみましょう。アルミホイルだけを丸めて透明の容器に入れておくと眺めて楽しむこともできます。

広告紙で遊ぼう

季節	保育者数	準備
いつでも	一人から	かんたん

用意するもの
- 広告紙、テープ、ハサミ

準備しておくこと
- 広告紙を渦巻き状に切って長くした物、広告紙を丸めた棒、輪っか状にしたもの、短く切った短冊などを作っておきましょう。

遊び方

広告紙への思い思いの関わりを楽しむ

必要に応じて遊び方の見本を見せるとまねをして遊びますが、基本的には、一人ひとりの楽しみ方に共感し、多様な関わりが生まれるよう見守りましょう。

関わりのポイント
子どもの目の前で切ったり貼ったりすると、目の前で素材が変化する様子に興味をもち、眺めることを楽しみます。

あそびが広がるポイント
広告紙から様々な形を作っておくと、その形から連想して見立てあそびをするようになります。個々の興味に基づいたあそびが広がるよう、子どもの思いを汲み取りましょう。

第4章　18か月〜24か月　手作り玩具

布絵本

季節	保育者数	準備
いつでも	一人から	しっかり

5つの領域を Check!
養護／健康／人間関係／環境／言葉／表現

用意するもの
- フェルト、糸、ボタン、スナップボタン、面ファスナー、ひも、ゴム、鈴　など

準備しておくこと
- 指先を使ったり感触を味わったりすることができる布絵本を作ります。

作り方

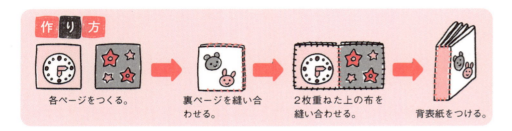

各ページをつくる。 → 裏ページを縫い合わせる。 → 2枚重ねた上の布を縫い合わせる。 → 背表紙をつける。

遊び方

指先を使って布絵本の感触やしかけを楽しむ

布絵本を使って、ボタンを外したり、面ファスナーを剥がしたり、ひもをほどいたり、形を合わせたり、同じ色を集めたり、感触を楽しんだりしながら遊びます。

関わりのポイント
月齢の低い子ども向けの場合は、誤飲につながらないよう安全面に十分配慮して作りましょう。必要に応じて手本を見せるなど遊び方を伝えていきます。

関わりのポイント
1歳後半になると、つまむ、外すなどの指先の繊細な動きも可能になってきます。

関わりのポイント
子どもの集中の妨げにならない範囲で、子どもが感じているおもしろさに共感しましょう。

なり切って遊ぼう！

季節	保育者数	準備
いつでも	一人から	かんたん

用意するもの
- エプロン、おんぶひも、食べ物、人形、人形の布団、運転士さんの帽子、お店屋さんのエプロンや帽子、商品　など

準備しておくこと
- 玩具や道具、素材をいつでも取り出して遊べるよう環境をつくっておきましょう。

5つの領域をCheck!

遊び方

何かに見立てたりなり切ったりして、イメージしながら遊ぶことを楽しむ

玩具や道具、素材を、生活に身近な物に見立てて遊んだり、役になり切ったり、生活経験を再現したりして遊びます。

関わりのポイント
他児に関心をもち、同じことをしたい時期なので、一つの玩具の数は多めに用意しておきましょう。

関わりのポイント
子どもがイメージをもち、生活を再現して遊んでいるときは「お買い物ですか？　いってらっしゃい」など、やり取りを楽しんでみましょう。

あそびが広がるポイント
生活を再現する様子が具体化してくると、子ども同士のイメージがつながってまねややり取りも増えていきます。役割分担が生まれるような玩具を用意すると、次第にごっこあそびに発展していきます。

第4章　18か月〜24か月　自然あそび

生き物観察探検隊

季節	保育者数	準備
春・夏・秋	一人から	かんたん

用意するもの
● 帽子

準備しておくこと
● 目的地の生き物の種類、危険の有無などを調べておきましょう。

5つの領域をCheck!

遊び方

自然の中の生き物を観察することを楽しむ

自然豊かな公園や園庭で、アリやダンゴムシ、チョウチョウの動きを観察し、動きを追い掛けたり優しく手に載せたりして遊びます。

関わりのポイント
指先でつまむのではなく手や葉に登らせたり「そっと、優しくね」とことばがけしたり、生き物との関わり方を伝えていきましょう。

関わりのポイント
生き物に触れる際は、危険がないものかどうか十分に注意します。小さな虫を手に取ると力加減が分からずつぶしてしまうことがあります。

関わりのポイント
自然の中での生命との出会いは、子どもの心を揺さぶります。動きを観察したり、追い掛けたり、手に触れてみたり、生命の不思議さを感じる体験は、探究心や好奇心、いたわりなど、子どもの心を育てます。

あそびが広がるポイント
チョウチョウやトンボなど飛んでいる虫を走って追い掛けるのも楽しめます。保育室に戻ったら、出会った虫の写真を壁に貼っておきましょう。

触って踏んで

季節	保育者数	準備
春・夏・秋	一人から	かんたん

用意するもの
- バケツ、スコップ、ジョウロ、帽子

準備しておくこと
- 汚れてもいい服装にしましょう。

遊び方

水たまりや泥の感触を楽しむ

手でバシャバシャと触ったり、足で踏みしめたりして水たまりや泥の感触を楽しみます。
小さなお山を幾つか並べたり、崩したり、スコップで穴を掘ったりして、思う存分、土や水と関わります。

関わりのポイント
泥を触ることにためらっている場合には、無理強いせずに泥あそびを楽しんでいる様子を見せましょう。目の前で土が変化する様子を眺めているうちに好奇心が芽生えていきます。

関わりのポイント
自ら環境に働き掛ける喜びやおもしろさを十分に感じられるよう、諸感覚を刺激する自然との出会いを大切にしましょう。

関わりのポイント
小石や葉っぱといった普段触れるものを取り入れてみると、お山を飾って遊ぶなど間接的に土と関われるようになっていきます。

あそびが広がるポイント
土で大きなお山を作って、その上を滑り下りたり登ったりしても楽しめます。また、泥団子を作って渡すと、落として壊すことを楽しみます。

第 5 章

わらべうた・手あそび

わらべうた・手あそびは
子どもにとっては保育者とのふれあいあそびです。
繰り返す中で、同じ節、言葉、動作に気付き、
子どもなりに見通しをもって楽しめるようになります。

ここがおすすめ！

保育者との楽しい時間のひとつとして楽しみたいのがわらべうた・手あそびです。保育者が子どもと顔を見合わせながら、様子に合わせて歌ってあげましょう。歌が苦手でも大丈夫。その子に聞こえるくらいの声の方が、ゆっくりと遊ぶことができておすすめです。

ここがおすすめ！

子どもが楽しそうにする動作や言葉は、満足するまで繰り返してあげましょう。まねっこや触れ合いが楽しいと感じられることが、楽しい、好きという気持ちを育んでいきます。

おせんべ やけたかな

集団あそびのわらべうたですが、乳児とは寝転んだままでも遊べます。

わらべうた
編曲：植田光子

遊び方

1 おせんべ

体のあちこちを触ります。

2 やけたかな

くすぐります。

全体のポイント 生後間もない頃から遊ぶことができる歌あそびです。子どもの表情を見ながら、ゆっくりと歌い、体に触れるようにしましょう。

ちょちちょち あわわ

一人でお座りができるようになった頃からできるわらべうたです。

わらべうた
編曲：植田光子

遊び方

1 ちょちちょち

子どもの手を手のひらにのせます。

2 あわわ

口に当てます。

3 かいぐりかいぐり

かいぐりをします。

4 とっとのめ

人さし指で手のひらを指します。

5 おつむてんてん

手で頭に触れます。

6 ひじぽんぽん

ひじをたたきます。

関わりのポイント はじめは、向かい合って子どもの腕を優しく支えながら、歌に合わせてゆっくりと動かしてあげましょう。

全体のポイント 手をたたくところ、口に手をあてるところ…など、子どもが気に入った動きで表情が変わったり、にこっと笑ったりするでしょう。始めから終わりまで歌うことにこだわりすぎず、楽しんでいるなと思う箇所を繰り返し遊びましょう。楽しい時間が繰り返される中で、次第に子ども自身が腕や体を動かすようになります。

だるまさん

向かい合って遊ぶと楽しいわらべうたです。保育者がにらめっこして遊びましょう。

わらべうた

遊び方

1 だるまさん、だるまさん、にらめっこしましょ、わらうとまけよ

子どもと向かい合って、歌います。

2 あっぷっぷ

にらめっこをします。

全体のポイント 子どもと向かい合って行ないたい歌あそびです。子どもの表情を見ながら、動きを繰り返したりしながら遊ぶとよいでしょう。

いない いない ばあ

「ばあ」で顔が合うのを楽しみます。

わらべうた

遊び方

1 （1番）いないいない

子どもを膝に乗せて、いないいないをします。

関わりのポイント はじめは、向かい合って子どもの腕を優しく支えながら、歌に合わせてゆっくりと動かしてあげましょう。

2 ばあ

ばあと笑顔で顔が合います。（1、2を繰り返す）

3 おめめの

片目を隠します。

4 かくれんぼ

両目を隠します。

5 ばあばあばあ

笑顔で「ばあ」をします。

（2番） 3 おてての　4 かくれんぼ

片方ずつ手を隠します。

全体のポイント 子どもが好きな「いないいないばあ」の歌あそびです。はじめは保育者の顔を隠しながら行なうとよいでしょう。子どもに触れて行なうときには、楽しそうなところを繰り返してあげましょう。

ゆらゆらタンタン

ゆっくりとしたリズムで優しくタッチして遊びましょう。

作詞・作曲：不詳
編曲：植田光子

遊び方

1 ゆらゆら

子どもの手を握り、上下に振ります。

2 タンタン

拍手を2回します。

3 おめめ

人さし指で目を指さします。

4 ゆらゆら

1と同じ。

5 タンタン

2と同じ。

6 おはな

人さし指で鼻を指さします。

7 ゆらゆら

1と同じ。

8 タンタン

2と同じ。

9 おくち

人さし指で口を指さします。

10 プーッと

頬を膨らまします。

11 ほっぺに

膨れた頬を人さし指で指さします。

12 おみみ

人さし指で耳を指さします。

全体のポイント 顔のいろいろな場所に触れる歌あそびです。「ゆらゆらタンタン」の繰り返しは、子どもと向かい合って、ゆっくりと行なうと楽しいでしょう。

1本橋こちょこちょ

触れ合いを楽しむ手あそびです。リズムよく遊んでみましょう。

わらべうた
編曲：植田光子

遊び方

1 いっぽんばし こちょこちょ

人さし指で手のひらをさすります。

2 たたいて

軽くたたきます。

3 つねって

軽くつねります。

4 かいだんのぼって

2本指で腕に登っていきます。

5 コチョコチョ

体をくすぐります。

全体のポイント 保育者に触れてもらうことで、心地よく楽しい感覚が味わえるように、指先でしっかりと触れながら歌って、遊びましょう。

あたまてんてん

子どもの手をとって遊んでみましょう。

作詞：阿部恵
作曲：家入脩
編曲：植田光子
振付：阿部恵

第5章 わらべうた・手あそび

あ た ま てん てん か— た た ん た ん お て て しゃん しゃん あ し とん とん

あ た ま て て てん か— た た た た ん お て て しゃ しゃ しゃん あ し と と とん

遊び方

1 あたま　てんてん

手のひらで軽く頭を2回たたきます。

2 かた　たんたん

手のひらで軽く肩を2回たたきます。

3 おてて　しゃんしゃん

拍手を2回します。

4 あし　とんとん

足踏みをします。
もう一度繰り返します。

全体のポイント　保育者が行なうところ見せてあげたり、子どもの手をとって優しく行なったりと、いろいろな遊び方ができる歌あそびです。「てんてん」「たんたん」など耳に残りやすい言葉が出てきます。

トコトコトコちゃん

子どもと触れ合いながら遊びます。

作詞・作曲：鈴木克枝
編曲：植田光子

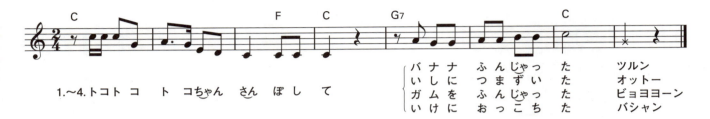

1.～4. トコトコ　トコちゃん　さんぽして

1番	2番	3番	4番
バナナ	ふんじゃった	いしに	つまずいた
ナミに	むけに	じゃんけん	ぽん
バイガイ	しおつけ	ずっこっけ	じゃっち
-	-	-	たたたた

ツルン
オットー
ビョヨヨーン
バシャン

遊び方

1 トコトコトコちゃん　さんぽして

子どもの手の上で人さし指と中指を足のように動かします。

2 バナナ　ふんじゃった

腕を登っていきます。

3 ツルン

腕から滑り落ちます。

4 トコトコトコちゃん　さんぽして

1と同じ動きで肩から頭に登っていきます。

5 いしにつまずいた

「た」で頭の上に来ます。

6 オットー

手を頭から飛び上がるように離します。

7 トコトコトコちゃん さんぽして

1と同じように腕の上を歩きます。

8 ガムを ふんじゃった

「た」で人さし指と中指で腕を軽くつまみます。

9 ビョヨヨーン

震わすようにして腕から指を離します。

10 トコトコトコちゃん さんぽして

1と同じように腕の上を歩いていきます。

11 いけに おっこちた

「た」で止まります。

12 バシャン

子どもの足の上に落ちます。

全体のポイント 保育者がトコちゃんになって、子どもに触れる歌あそびです。子どもの表情をよく見ながら、ゆっくりと行なうとよいでしょう。

いとまき

最後の「こびとさんのおくつ」をアレンジすると楽しいです。

作詞：不詳
外国曲
編曲：植田光子

いとまきまき いと まきまき ひいてひいて トントントン で－きた できた こびとさんの おくつ

遊び方

1 いとまきまき　いとまきまき

かいぐりをします。

2 ひいてひいて

横にこぶしを引っ張ります。

3 とんとんとん

こぶしを3回上下交互に合わせます。

4 いとまきまき　いとまきまき

1と同じ。

5 ひいてひいて

2と同じ。

6 とんとんとん

3と同じ。

7 できたできた

手拍子を8回します。

8 こびとさんのおくつ

胸の前で、両手で小さな輪を作り、からだを揺らします。

全体のポイント いとまきは、子どもと保育者が一緒に行なっても、子どもだけで行なっても楽しい歌あそびです。「とんとんとん」のところは、子どもの動きに合わせるようにゆっくりと行なってあげましょう。

バスごっこ

いろいろな動きを楽しめる手あそびです。

作詞：香山美子
作曲：湯山昭
編曲：植田光子

遊び方

1 おおがたバスにのってます

ハンドルを動かすしぐさをします。

2 きっぷをじゅんにわたしてね

右手を高く上げ、左右に振ります。

3 おとなりへハイ（4回繰り返す）

膝を3回たたき、隣へ渡す振りをします。

4 おわりのひとはポケットに！

ポケットに切符をしまうしぐさをします。

5 おおがたバス にのってます

1と同じ。

6 いろんなとこ がみえるので

額に右手左手を交互に当て、見るしぐさをします。

7 よこむいた ア〜 うしろむいた ア

いろいろな方向に体を向けます。

8 うしろのひと はねーむった！

保育者が寝るポーズをします。

9 おおがたバス にのってます

1と同じ。

10 だんだんみち がわるいので

上半身を上下、左右に揺らします。

11 ごっつんこ

左右に揺れます。

12 ドン

肘を上げます。11、12を4回繰り返します。

13 おしくらまんじゅ ギュッギュッギュッ！

両肘を3回締めます。

全体のポイント 保育者が足を伸ばして子どもを乗せて行なっても楽しいあそびです。歌に合わせて体を動かすことを楽しみましょう。子どもが喜ぶ動きを繰り返してあげてもよいでしょう。

あがりめ　さがりめ

保育者の手で行なっても、子どもの手を持って行なっても楽しめます。

わらべうた

あがりめ　さがりめ　ぐるりと　まわして　ねこのめ

遊び方

1　あがりめ

両手の指先で目じりを上げます。

2　さがりめ

目じりを下げます。

3　ぐるりとまわして

目じりをぐるぐる回します。

4　ねこのめ

目じりを上げます。

全体のポイント　はじめは保育者が自分の顔で行なって見せてあげて、それから子どもの顔に優しく触れて遊ぶとよいでしょう。「ぐるりとまわして」はゆっくりと抑揚をつけて歌うと楽しくなります。

ハイ！タッチ

体のいろいろなところに触れて遊んでみましょう。

作詞・作曲：植田光子

〔あ た ま〕は〔あ た ま〕は ど こ で す か　　じゅん び が で き た ら ハイ タッ チ！　　〔あたま〕

遊び方

1　［あたま］は［あたま］は

［　］に、触れるところの言葉を入れて、手拍子をしながら歌います。

2　どこですか

両手を組んで左右に揺れます。

3　じゅんびができたら

2と同じ。

4　ハイタッチ！

手拍子をします。

5　［あたま］

［　］に入れたところを触れます。

全体のポイント
手をパチパチと合わせられるようになった頃に遊んでみたい、まねっこが楽しい歌あそびです。子どもの動きに合わせて、歌をうたうとより楽しくなります。

第6章

あそびの資料

絵本も初めは玩具のひとつ。
保育者と一緒に楽しむ中で、
他の玩具とは違った楽しさがあるものと認識していきます。
絵本や玩具と丁寧に出会わせたいものです。

絵本

　0歳児の子どもの手指の発達をみていると、厚紙絵本の側面を、指先の方で押しながら上げてめくる時期、薄い紙の絵本に指先を押し付けるようにしてすべらせてめくる時期など質的に変化します。手指の発達、子どもの身近にある人やモノが登場する絵本など、多様な視点で子どもの発達を捉えて絵本を用意するとよいでしょう。

玩具

　保育者との間に愛着関係が形成されると、次第に興味や関心が広がります。心が動くできごとに出会うと、子どもは保育者の方向を見ます。興味や関心が広がる時期に、あそびにつながる玩具に出会うことは、とても大切な経験です。
　子ども自身が触れたり、いじったりしていることがあそびになる玩具がある一方で、保育者がこんな楽しさもあるよと知らせることで、あそびが広がる玩具もあります。質の異なる玩具を用意しましょう。

あそびの絵本

● のせてのせて

作：松谷みよ子　絵：東光寺 啓
出版社：童心社

のせてのせてと車に乗りたがる動物達とのやり取りが楽しい絵本です。

> **ここがおすすめ**
> 繰り返しの表現とテンポのよいやり取りで、子どもが夢中になって楽しむことができます。

● ずかん・じどうしゃ

作：山本忠敬
出版社：福音館書店

子どもたちの好きな自動車をリアルに描いている絵本です。

> **ここがおすすめ**
> 子どもがいろいろな自動車に反応したり指をさしたりすることで、大人とのやり取りも楽しむことができます。

● どうぶつのおやこ

絵：薮内正幸
出版社：福音館書店

いぬやさるなどの動物の親子が描かれています。
文字はなく、絵だけの絵本です。

> **ここがおすすめ**
> 文字がないことで、動物の親子を見ながら、想像力を働かせて大人とのやり取りを楽しむことができます。

● まねっこポーズ

文：たかてら かよ　絵：さこ ももみ
出版社：ひかりのくに

ライオン、サル、オバケが、赤ちゃんでもまねっこしやすい可愛いポーズをしている絵本です。裏表紙のギュッと抱っこしているところもまねっこしてみましょう。

> **ここがおすすめ**
> 一緒にまねっこをしながら読むことで、大人との関わりを楽しむことができます。

子どもと指さししながら、やり取りを楽しめる絵本です。

● ぶーぶーじどうしゃ

作：山本忠敬
出版社：福音館書店

バス、パトカー、救急車など生活の中で見かける自動車が、見開きいっぱいに描かれた写実的な乗り物絵本です。ボードブックなので自分でめくれます。

> **ここがおすすめ**
> リアルな絵と短い文章で、乗り物に親近感をもつことができます。いろいろな乗り物の音も楽しめます。

● コトコトでんしゃ

作：とよた かずひこ
出版社：アリス館

「コトコト コトン コトコト コトン」という心地よい言葉が楽しい絵本です。トンネルに入ると「ゴトンゴトン」という音に変わります。ゆっくりと言葉を手渡すように読むと、子どもは絵本を見たり、読んでいる保育者を見たりして楽しみます。

> **絵本からあそびへ**
> 子どもを抱っこして「コトコト コトン」、「トンネルに入りましたよ〜 ゴトンゴトン」とゆっくりと揺れて、触れ合いあそびをしてみましょう。

● まねっこおかお

文：たかてら かよ　絵：さこ ももみ
出版社：ひかりのくに

絵本に登場する子どもの表情が変わるのが楽しい絵本です。絵本をめくったら子どもと保育者で顔を見合わせて遊んでみましょう。

> **ここがおすすめ**
> 赤ちゃんに語り掛けながら、一緒にまねっこあそびを楽しむことができます。

● おひさま　あはは

作：前川かずお
出版社：こぐま社

いろいろな「あはは」があふれていて、最後にはみんなが笑顔になってしまう絵本です。

> **ここがおすすめ**
> いろんな笑顔が描かれていて、繰り返しのリズムも楽しい絵本です。一緒に笑って楽しむことができます。

生活の絵本

● おててがでたよ

作：林 明子
出版社：福音館書店

すっぽりかぶった大きな衣服から、赤ちゃんが手や頭、足を出し、自分でできたーという喜びを感じられる絵本です。

ここがおすすめ
「おてて」「おかお」など日常的な言葉が使われていて、親しみやすい内容です。

● きゅっきゅっきゅっ

作：林 明子
出版社：福音館書店

赤ちゃんがぬいぐるみの動物たちと一緒にスープを飲み始めます。スープをこぼしてしまった動物たちの手や足を赤ちゃんが拭いてあげます。楽しい表情が赤ちゃんの心を捉える絵本です。

絵本からあそびへ
『きゅっきゅっきゅっ』の絵本やぬいぐるみや人形の顔を、ガーゼや小さなタオルで「きゅっきゅっきゅっ」と拭いて遊んでみましょう。

● ころん！

文：たかてら かよ　絵：さこ ももみ
出版社：ひかりのくに

子どもがころん！っと必死で寝返りをしようとする姿がかわいく描かれている絵本。最後にお母さんが褒めてくれるシーンがほほえましいです。

ここがおすすめ
一緒に「ころん！」と寝返りをして楽しむことができます。ねんねの頃の赤ちゃんにもおすすめの絵本です。

● おやすみ

作：なかがわ りえこ　絵：やまわき ゆりこ
出版社：グランまま社

遊んだり、ご飯を食べたりといった、1日の出来事が白い背景の中に優しいタッチで描かれた絵本です。

ここがおすすめ
美しい言葉が印象的な絵本です。「ああ　おもしろかった」「ああ　いいきもち」など、同じ言葉が出てくるところでは、ゆっくりと読んであげましょう。

日々の暮らしが描かれた絵本を子どもと一緒に楽しみましょう。

●あかちゃん はーい
作：いしかわ こうじ
出版社：ポプラ社

赤ちゃんと同じ動作をかわいいおさるさんやぶたさんがまねをします。

> **ここがおすすめ**
> いろいろな動作が登場し、大人と一緒にまねっこをしながら楽しむことができます。

●ママだいすき
作：まど・みちお　絵：ましま せつこ
出版社：こぐま社

どんな動物もママが大好き。様々な動物の親子の幸せな表情が見られる絵本です。

> **ここがおすすめ**
> それぞれの動物の親子の様子が、一言の優しいことばがけで表現されています。親子でも楽しめる絵本です。

●かわいいあひるのあかちゃん
作：モニカ・ウェリントン　訳：たが きょうこ
出版社：徳間書店

かわいいあひるの赤ちゃんが散歩に出掛けます。

> **ここがおすすめ**
> カラフルな動物たちが登場し、テンポよく擬態語を使用している絵本です。

●いっしょにするよ
作：風木一人　絵：たかしま てつを
出版社：角川書店

小さなとりはいつも一緒です。川に飛び込んだり、木の実を食べたり、眠るときはママと一緒です。

> **ここがおすすめ**
> 子どもが大好きな擬音が盛りだくさんな絵本です。音の響きに反応する様子が見られます。

第6章 あそびの資料

ふれあいの絵本

● くっついた

作：三浦太郎
出版社：こぐま社

ページをはさんで向かい合った二人が次のページではくっついた！かわいい言葉と絵の繰り返しが楽しめる、笑顔にさせてくれる絵本です。

絵本からあそびへ
『くっついた』の絵本のように、動物などの絵カードを2枚作り、「くっついた」とくっつけて遊べるようにすると楽しいです。

ここがおすすめ
お母さんやお父さんとほっぺを合わせて、親子でスキンシップを楽しむこともできます。

● いないいないばあ

作：松谷みよ子　絵：瀬川康男
出版社：童心社

ねこ・くま・ねずみ・きつね、大好きな動物が登場して、いない　いない　ばあをします。動物以外の絵はないのでしぜんと動物に注目できる絵本です。

ここがおすすめ
「いない　いない　ばあ」と語り掛けて一緒に楽しむことできます。

● あーんあん

作・絵：せな けいこ
出版社：福音館書店

保育園からお母さんがいなくなっちゃう…。不安な気持ちを軽くしてくれる絵本です。

ここがおすすめ
泣きすぎると魚になっちゃう、不思議でユニークなお話を楽しむことができます。

● ぎゅうってだいすき

作：きむら ゆういち
出版社：偕成社

大好きな人からぎゅうってされるうれしさを温かい絵で表現されている、気持ちが温かくなる絵本です。

ここがおすすめ
絵本を見ながら、子どもとぎゅうっとすることで触れ合いあそびを楽しむことができます。

顔をくっつけたり、ぎゅっと抱き締めたり、スキンシップを楽しめる絵本です。

● おやこでぎゅっ！

作：まつばら いわき
出版社：ひかりのくに

お母さんが子どもを大切に思う気持ちと、子どものお母さん大好き…という気持ちがあふれている絵本です。

> **ここがおすすめ**
> 絵本に出てくる動物の親子をまねして、親子で「ぎゅっ」とスキンシップあそびを楽しむことができます。

● だっこでぎゅっ

作：山岡ひかる
出版社：ひかりのくに

かわいい動物の子どもたちが抱っこしてぎゅっとしてもらい、とても幸せそうな表情が印象的な絵本です。

> **ここがおすすめ**
> 動物の親子のしぐさをまねして、実際に触れ合いあそびを楽しむことができます。

● みーんなにっこり

作：山岡ひかる
出版社：ひかりのくに

うさぎやさる、犬にやさしく寄り添い心をなごませてくれる絵本です。子どもたちが触れたり、まねしたりを楽しめます。

> **ここがおすすめ**
> 触れたり、まねをしたり、実際に触れ合いあそびを楽しむことができます。

● まてまてさん

文：おーなり由子　絵：はた こうしろう
出版社：講談社

まてまてさんという黄色い靴下と赤ちゃんが登場します。まてまてと追い掛けたりぴたっと止まったりと、子どもが好きな「まてまてあそび」の絵本です。

> **絵本からあそびへ**
> 『まてまてさん』の絵本のように子どもとまてまてあそびを楽しみましょう。黄色い靴下の「まてまてさん」を作り、動かして遊んでも楽しいです。

たべものの絵本

● くだもの

作：平山和子
出版社：福音館書店

すいか、もも、りんごなどの、子どもたちが日常よく目にする果物が、まるで本物のように描かれた絵本です。

> **ここが おすすめ**　保育者と一緒に、絵本に出てくる果物をぱくっと食べるまねをして遊ぶことができます。

● やさい

作：平山和子
出版社：福音館書店

トマト、だいこん、キャベツなど見たことのある身近な野菜が畑で成長する様子が描かれています。

> **ここが おすすめ**　普段食べている野菜の成長を、本物のようなイラストで楽しむことができます。

● やさいもぐもぐ

作・絵：ふくざわ ゆみこ
出版社：ひかりのくに

見たことのある身近な野菜が調理され、見たことのある料理が出来上がっていきます。

> **ここが おすすめ**　「どれが好き？」と選んで遊んだり、本物のようなイラストを見ることで食べることに期待感をもつことができます。

● くだものあーん

作・絵：ふくざわ ゆみこ
出版社：ひかりのくに

様々な身近な果物が登場し、擬音語を使っておやつが描かれています。

> **ここが おすすめ**　「ぺろん　ぺろん　ばあ」などの擬音語や、リズムも楽しむことができます。

大好きな食べ物。音のリズムも楽しみながら読み聞かせしてみましょう。

🔴 あむあむ

文：たかてら かよ　絵：さこ ももみ
出版社：ひかりのくに

おててもタオルも積み木も、あむあむ、ぱくぱくと口に入れてしまいます。離乳食を食べるようになった頃の赤ちゃんの姿が描かれた絵本です。

> **ここが おすすめ**　歯が生えた頃に、親子で楽しむことができます。

🔴 おやさいとんとん

作：真木文絵　絵：石倉ヒロユキ
出版社：岩崎書店

身近な見たことのあるお野菜をトントントン。リズミカルにお話が進みます。何ができるのでしょうか。

> **ここが おすすめ**　身近にある野菜が登場します。リズミカルに話が展開され、小さい子どもから楽しむことができます。

🔴 いろいろいちご

作：山岡ひかる
出版社：くもん出版

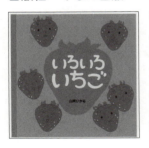

いちごたちはいろいろな甘味に変身していきます。子どもたちはまだ口にしたことがない物ばかりですが、この絵本の魅力は甘味に変身するときのリズムのよい言葉にあります。ゆっくりと抑揚をつけて読んであげたい絵本です。

> **ここが おすすめ**　よくみるといちごの表情も一つひとつ違います。いちごがいろいろなものに形が変わるところは、子どもにとって不思議な魅力があるようで指をさすなど興味を示してくれます。

🔴 おにぎり

文：平山英三　絵：平山和子
出版社：福音館書店

お母さんが握ってくれるおにぎり…。おにぎりの作り方がシンプルに描かれています。

> **絵本からあそびへ**
> 絵本に描かれているおにぎりを、「あ〜ん」と食べるまねっこあそびをしてみましょう。

 リズムの絵本

● とっとことっとこ

作：まつい のりこ
出版社：童心社

> **ここがおすすめ**
> 「とっとこ」の文字の大きさに合わせて、読み方を変えて親子で読むことを楽しめます。

ねこさんが靴をはいて出かけると、お友達も靴をはいて次々とやってきます。

> **絵本からあそびへ**
> ねこさんの長靴のように、少し大きめの遊べる靴を作ってみてはいかがでしょうか。靴が身近に感じられるようになるかもしれません。

● もこ もこもこ

作：たにかわ しゅんたろう　絵：もとなが さだまさ
出版社：文研出版

「しーん」「もこもこ」「ぽろり」「ぱちん！」と弾けるシンプルな絵と言葉で描かれています。読み方でイメージが変わります。

> **ここがおすすめ**
> 「もこ」「にょき」などの楽しい擬音に、絵本の世界に引き込まれます。

● がたんごとんがたんごとん

作：安西水丸
出版社：福音館書店

赤ちゃんがいつも使ったり、飲んだり、食べたりしているものが汽車に乗ってきます。終点でみんなが降りると楽しいおやつの時間です。

> **ここがおすすめ**
> シンプルな絵と文章で、繰り返し楽しむことができます。

● じゃあじゃあびりびり

作：まつい のりこ
出版社：偕成社

短く優しいリズミカルな言葉で、身近にあるものを明確に表現している絵本です。

> **ここがおすすめ**
> カラフルで分かりやすい絵と擬音で様々な物が表現されていて、小さい子どもから楽しむことができます。

テンポよく読んでゆかいな音を楽しむ絵本です。

● おつきさまこんばんは

作：林 明子
出版社：福音館書店

おつきさまが姿を現すと雲が邪魔をします。おつきさまの表情に合わせて子どもたちもドキドキ、ワクワクできる絵本です。

> **ここがおすすめ**
> 一緒にお辞儀をしたり、首を振ったり、笑顔になったり。見るだけでなくまねをしても楽しむことができます。

● ころころころ

作：元永定正
出版社：福音館書店

様々な小さな色玉たちのシンプルな動きが子どもたちの想像力を引き出します。

> **ここがおすすめ**
> テンポのよい文章のおもしろさ、色や形など、いろいろな楽しみ方を味わうことができます。

● ばいばい

作：まつい のりこ
出版社：偕成社

いろいろな動物が「こんにちは」「ばいばい」を繰り返す、シンプルな内容と絵の絵本です。

> **ここがおすすめ**
> シンプルな内容で分かりやすい絵本です。子どもに語り掛けながら読んでも楽しむことができます。

● ぽんぽんぽん
たたいてはずんでゆびあそぶっく

作：かしわらあきお
出版社：ひかりのくに

「ぽんぽんぽん」などの音に合わせて、絵本をトントンたいて遊ぶことができます。カラフルでポップな絵も印象的な絵本です。

> **ここがおすすめ**
> 見たり聞いたりするだけでなく、実際に手を使うことでよりあそびを楽しむことができます。

写真の絵本

● こんにちは　どうぶつたち

案：とだ きょうこ　写真：さとう あきら
出版社：福音館書店

おおかみ、こあら、ごりらにぞう…。かわいい動物たちのおもしろい写真が絵本になっています。

> **ここがおすすめ**
> たくさんの動物が登場し、「こんにちは」のやり取りを楽しむことができます。

● たべものしゃしんずかん

写真：佐久間秀樹、玉木順一、原スタジオ　絵：かいち とおる
出版社：ひかりのくに

いつも食べている大好きな食べ物が写真で出てくる絵本です。

> **絵本からあそびへ**
> 子どもが身近に感じている食べ物の写真をアルバムに貼り、オリジナルのたべもの絵本を作ってみましょう。

● どうぶつしゃしんずかん

写真：内山晟　絵：かいち とおる
出版社：ひかりのくに

めくりやすい厚紙の写真絵本です。動物の写真と名前、動物の特徴が短い文章で載っています。

> **ここがおすすめ**
> 大人との言葉のやり取りや触れ合いから、コミュニケーションを取ることができます。

● のりものしゃしんずかん

写真：小賀野実　絵：かいち とおる
出版社：ひかりのくに

乗り物の写真が載っている厚紙の写真絵本です。裏表紙まで、たくさんの写真があります。

> **ここがおすすめ**
> 語り掛けの文章から、大人との言葉のやり取りを楽しむことができます。

リアルな写真で子どもとの触れ合いが生まれます。

●はたらくのりものしゃしんずかん

写真：小賀野実　絵：かいち とおる
出版社：ひかりのくに

はたらく乗り物の迫力ある写真が数多く掲載されています。丈夫な厚紙の絵本なので、めくって遊ぶことができます。

> **ここがおすすめ**
> 写真で姿・形・色などの特徴を見つけながら、大人とのやり取りを楽しむことができます。

●はじめてひゃっか

写真：小賀野実　絵：笹木美奈子
出版社：ひかりのくに

乗り物や食べ物などの写真が、カラフルなイラストと共に載っている写真絵本です。

> **ここがおすすめ**
> 大人と一緒に遊びながら、様々な物や生活習慣などについて楽しく知ることができます。

●だっだぁー

作：ナムーラミチヨ
出版社：主婦の友社

「だっだぁ」「べっれー」などの不思議な擬音語から生まれた、赤ちゃん言葉による絵本です。粘土の愉快な顔を見ながら、一緒に赤ちゃんと赤ちゃん言葉あそびを楽しめます。

> **ここがおすすめ**
> 擬音語での表現や絵の表情を楽しむことができます。声や表情を変えて読むことでより夢中になります。

●ねんね

文：さえぐさ ひろこ
出版社：アリス館

いろいろな動物の寝ている顔写真が掲載されています。絵本というよりも、写真集のような本です。

> **絵本からあそびへ**
> 「ねんね〜」と寝転がってみたり、ぬいぐるみや人形を優しくなでたり、まねっこあそびをしてみましょう。

> **ここがおすすめ**
> 大きな寝ている顔写真で構成されている絵本です。めくって「ねんねしているね」と声を掛けたり、写真を楽しみましょう。

第6章 あそびの資料

どの園にもおきたい玩具・遊具

● 手で押して遊ぶ玩具

手で押したり、引いたりして動かして遊びます。

遊び方 少し重みのある動く玩具がよいでしょう。0歳の子どもの手で押したり、引いたりした分だけ前にも、後ろにも進む玩具がよいでしょう。この時期は動きが早すぎる玩具は不向きです。

うつ伏せができるようになった子どもの目線の先で、ゆっくりと動かしましょう。手を伸ばして触れようとするでしょう。また、ハイハイができるようになると、自分で動かして遊ぶことも楽しめるようになります。

● 倒したり、積んだりして遊ぶ玩具

手に持って遊んだり、積み木を倒したり、積もうとする玩具です。

遊び方 0歳の子どもがつかみやすい大きさで、肌に触れても安全な角がとがりすぎていない物がよいでしょう。積み木は積んで遊ぶイメージがあると思いますが、0歳の頃は積むよりも倒して遊ぶことを楽しみます。

両手を離してお座りができるようになるころ、保育者がゆっくりと積んであげたり、倒してみたりすると子どももまねて倒したりします。
0歳の頃は、積み木を積むというよりも保育者とのやり取りあそびの一つとして遊ぶとよいでしょう。

玩具のイラストはイメージです。玩具の性質、その玩具で得られる楽しさや気付きに目を向けて環境を整えましょう。

● 重ねたり、並べたりして遊ぶ玩具

大きさの違うカップを重ねたり、並べたり、崩したりして遊ぶ玩具です。

遊び方 大きさの違うカップが幾つかセットになった、重ねる、崩すといった繰り返しが楽しめる玩具です。プラスチック、木などいろいろな素材の物があります。

お座りができるようになると、軽い玩具を持ち上げたり、重ねたりできるようになります。向きによって、つかむ、握ると違った手指の動きになります。並べたり、重ねたり、転がしたりして遊び掛けるとよいでしょう。

● トンネル型玩具

はってトンネルの中に入って遊ぶ玩具です。

遊び方 ハイハイをしトンネルの中を通ったり、中に入ったりして楽しめる玩具です。途中にも支えのあるタイプだと、子どもがつかまり立ちをしたり、寄り掛かっても、トンネルの中の子どもが押されたりすることが少ないようです。

すぐにトンネルに関心を寄せる子どももいますが、始めはじっと眺めている子どももいます。そんなときには、保育者が先に入って、顔をのぞかせたり、一緒に入ってみたりして遊び掛けるとよいでしょう。

どの園にもおきたい玩具・遊具

● ボールを入れて遊ぶ玩具

ボールを入れる、落ちる、出てくるといったことが楽しめる玩具です。

遊び方 子どもが握りやすいボールと本体がセットになっています。本体はボールが落ちる様子がよく見える構造になっています。遊びたいときにボールがないということがないように、本体のそばにボールを置いておきましょう。

ボールを入れると、転がる様子が見えて、コロンと出てくるのは、子どもにとって楽しくて、不思議なことでしょう。繰り返し、ボールを入れて楽しみます。不思議だな、楽しいなという子どもの気持ちを受け止めましょう。

● つり玩具

つるしてある玩具の動きを、目で追ったり、触ったりして遊ぶ玩具です。

遊び方 ベビーベッドや窓際、天井などにつるす玩具です。子どもの目線で玩具の動きが追えるかなど、子どもにとってどの位置がよいか、よく検討してつるす位置を決めるとよいでしょう。

あおむけで遊んでいるときに、ゆらゆらと揺れる玩具があれば、興味をもって目で追ったり、手を伸ばしたりして遊びます。また、抱っこしたときに見える位置にある物は、保育者と一緒に見たり、揺らしたりして楽しみましょう。

● 布のボール

つかんだり、転がしたりして遊ぶ玩具です。

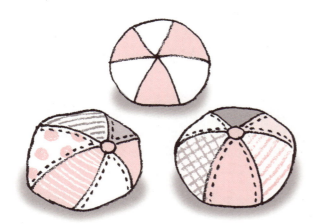

遊び方 いろいろな素材のボールがありますが、0歳児クラスでは転がりすぎず、握りやすい、柔らかい素材で、洗うことができる布素材のボールがよいでしょう。

布の素材のボールは子どもが握ったり、放ったり、保育者とやり取りあそびをしたりといろいろな遊び方ができます。箱など入れる物を用意すると、入れたり、出したりといったあそびも楽しめます。

● 転がる握り玩具

子どもが握ったり、音を鳴らしたり、転がしたりできる玩具です。

遊び方 木やプラスチックなどいろいろな素材の握り玩具があります。握ったり、音を鳴らしたり、転がしたりして遊べる丸い形の握り玩具は、長い期間遊ぶことができます。

握ったり、舐めたり、音を鳴らしたり、コロコロと転がると追い掛けたり、いろいろな遊び方ができる玩具です。子どもがどんなことを楽しんでいるのかよく見てみましょう。

どの園にもおきたい 玩具・遊具

● ゆっくりと動く玩具

坂の上に動物を置くと、カタカタとゆっくりと坂道を下りてきます。

遊び方 ゆっくりと動き、子どもが動きを捉えることができるような玩具は、はじめは保育者と一緒に遊びます。楽しさがわかると成長と共に子どもが遊ぶようになります。

カタカタと小さな音と共にゆっくりと坂道を下りてくる玩具を目で捉えることができるように、子どもが見やすい位置で保育者が遊び掛けてあげるとよいでしょう。

● 握って遊ぶ玩具

軽い握り玩具は、寝て遊ぶ時期に使用します。

遊び方 握り玩具は、子どもが持って遊ぶだけでなく、保育者が遊び掛けてあげることもできます。やり取りあそびを楽しみましょう。お座りをする前の乳児でも遊ぶことができる持ち手の形、軽さを確認して選ぶとよいでしょう。

初めての握り玩具は軽い物を用意しましょう。生後3か月頃からは、短い時間持って遊ぶことができるようになります。はじめは保育者が揺らして見せたり、音を出したりして遊びましょう。

●吹いて遊ぶ玩具

息を吹くとそれに合わせて音が出る玩具です。

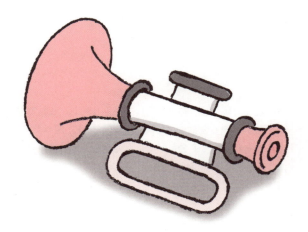

遊び方 乳児が吹いたり、吸ったりすることで音が鳴る玩具です。吹くときだけ音が鳴る物や、吸ったときも音が鳴る物など、音色や音の大きさ、持ち手もいろいろな物があります。

触れることから始まり、次第に息を吹いたり吸ったりすると音が出ることに気づいて遊ぶようになっていきます。直接口をつけて遊ぶ玩具なので、使ったら吸い口を拭くなど清潔を心掛けましょう。

●持ち替えを楽しむ握り玩具

遊びながら左右の手で持ち替えることができる玩具です。

遊び方 握って遊ぶ玩具にもいろいろな種類があります。リングに幾つかの玩具が付いている物は、左右の手で持ち替えて遊ぶことができます。

いじったり、口に入れたりして遊ぶことができるように、手の届くところに置いたり、「どうぞ」と手渡してあげたりしましょう。

どの園にもおきたい玩具・遊具

● 見たり触ったりして遊ぶ玩具

あおむけで寝たり、お座りをして、触れて遊ぶことができる玩具です。

遊び方 お座りをする前の子どもも楽しむことができるベビージムです。
遊ぶ時期は短いかもしれませんが、用意してあげたい玩具です。

あおむけで寝たり、お座りをしているときに、触れて遊ぶことができる位置に置いてあげましょう。揺れたり、音が鳴ったりして子どもが楽しんでいることを受け止めたり、見守ったりしましょう。

● おきあがり玩具

子どもが触れると揺れたり、音が鳴ったりする玩具です。

遊び方 子どもが触れると揺れたり、音が鳴ったりする玩具です。子どもが触れる力に合わせて揺れます。

うつ伏せやお座りをしているときに、手を伸ばすと触れる位置に置いたり、子どもが取り出すことができる場所に置いておきましょう。

● つかんだり転がしたりできる玩具
乳児の指でつかみやすい玩具です。

遊び方　子どもがつかんだり、握ったりしやすい柔らかい素材の玩具です。もともと穴があいていないときには、綿ロープでループを作ったり、タグを縫い付けるとあそびが広がります。

子どもがつかんだり、握ったり、転がして遊ぶこともできる玩具なので、見守ったり、転がった玩具を手渡してやり取りあそびをしてもよいでしょう。

● 乳児向けブロック
乳児がつかみやすい大きさのブロックです。

遊び方　乳児がつかみやすい大きさのブロックを用意しましょう。柔らかい素材の物だとより安心して遊ぶことができます。

子どもが扱うことができる少量をカゴなどに入れたり、保育者が幾つか積んであげたりして遊び掛けてみましょう。

第7章
生活の工夫

子どもにとって必要感をもって生活習慣の行為を行なうということが、
自立であるとすれば、行為と共に、なぜするのかという意味を
丁寧に知らせていくことが最も大切な保育者の役割です。
生活習慣は毎日行なわれることです。
だからこそ、流れ作業のようになり、子どもにとって
「促されるから行なう」という
保育者主導の保育になっていないか見直してみませんか？

0・1・2歳児の保育で、生活習慣をみんなで行なおうとすると「バタバタ」と忙しい雰囲気になり、「ちょっと待っててね」と子どもを待たせる時間が生まれてしまいます。
「仕方ない」「自分だけでは変えられない」「やり方が分からない」と諦めてしまうのは残念！クラスの保育者みんなで「もう少し子どもとゆったり関わりたいね」と気持ちが重なったら、保育方法を工夫してみませんか？

工夫ポイント ❶
保育室のあそび環境の充実を！

生活習慣を、子どもが必要とする場面や、少人数で行ないたいと思ったら、まずは保育室のあそびを充実させることから始めてみるとよいでしょう。子どもが保育室の中で、好きな場、好きなあそびを選択できるような環境を整えます。

工夫ポイント ❷
保育者全員が生活の援助・準備に入るのはNG。一人はあそびを支えるポジションに！

保育者全員が生活の援助や準備に入ってしまう場面を意識して減らしていきましょう。一人の保育者でもよいので、あそびのスペースにいるようにします。あそびスペースの保育者は、それぞれのあそびに加わったり、見守りながら必要だと感じる場面であそびを支えたりしましょう。

工夫ポイント ❸
早めに始めて、ゆっくり終わる 始めと終わりが重なるのがGOOD！

食事の前に手を洗うとき、子どもたちに「手を洗おう」と呼び掛けて、場所の取り合いになっていませんか。それは子どものせいではなく、保育者の配慮不足かもしれません。個別にそっと声を掛けてみましょう。きっとそのバタバタは解消されます。あそび・生活を一斉に始めたり、終わらせたりしないことが大切です。保育の流れを見直して、意識して時間差をつけるとよいのではないでしょうか。

睡眠に関する発達

0~6か月 くらい

生後4か月を過ぎると、夜の睡眠時間が5時間程度になってきます。
生後3~4か月くらいになると、日中少しずつまとめて眠る時間が多くなり、昼と夜の区別がついてきます。

7~12か月 くらい

日中目覚めている時間が長くなり、午前と午後に1回ずつ睡眠をとるようになります。

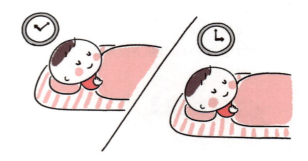

1歳~2歳 くらい

1歳6か月頃になると、日中の睡眠はほぼ1回になります。
2歳に近くなると、日中1回の睡眠はおおむね2時間程度になります。

2歳~3歳 くらい

2歳を過ぎると、日中必要とする睡眠時間が更に減ってくる子どももいます。

睡眠に関する園での工夫

0歳児　1歳児
乳幼児突然死症候群（SIDS）に気を配ろう

乳幼児突然死症候群（SIDS）は、それまで元気だった子どもが、何の予兆や既往歴もないまま死に至る原因の分からない病気です。厚生労働省の疾患概念には「主として睡眠中に発症し、日本での発症頻度はおおよそ出生6,000〜7,000人に1人と推定され、生後2ヵ月から6ヵ月に多く、稀には1歳以上で発症することがある。」と示されています。

保育の工夫

うつ伏せ寝がSIDSを引き起こすものではありませんが、医学上の理由でうつ伏せ寝を勧められている場合以外は、乳児の顔が見えるあおむけに寝るように援助します。まれに1歳以上でも発症することがあるということから、1歳児クラスでも、寝ている最中にうつ伏せになってしまったときには、あおむけになるように体勢を変えるように援助していくとよいでしょう。

合理的なシステムを構築しよう

気を付けていこうという心得だけではなく、睡眠中に行なうことを具体的に決めて、定期的に振り返りをしましょう。

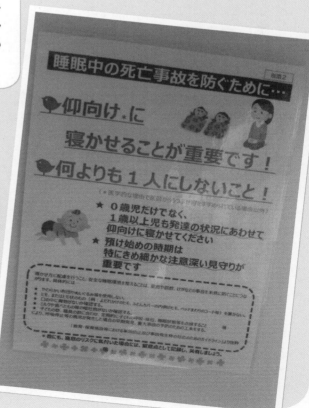

睡眠に関する園での工夫

[0歳児] [1歳児] [2歳児]

入眠のための援助を確認しよう

その日の気分や体調にも大きく影響を受けますが、抱っこで入眠するのが好きな子ども、布団（コット）で休んでいる内に入眠する子どもなど、一人ひとりに好きな入眠のスタイルがあります。それを探りながら、援助していけるとよいでしょう。

保育の工夫
自分で布団（コット）はここにあると気付き、自らの意思で入ることができるようになるために、布団（コット）は可能な範囲で同じ位置に敷くとよいでしょう。それが難しいときには、「ここにお布団がありますよ」と場所をお知らせするとよいでしょう。

眠くなった子どもが眠れることが最優先

布団（コット）の敷き方は園によりいろいろな考え方がありますが、一番大切にしたいことは、眠くなった子どもがすぐに眠れるということです。

[0歳児] [1歳児] [2歳児]
目覚めた子どものあそび環境を整える

睡眠にも個人差があります。早く目が覚めた子どもが、遊ぶことができる環境を整えましょう。

保育の工夫 コンパクトな保育室では、睡眠の時間に常設のあそびスペースを確保するのは難しいかもしれません。そうした場合は、幾つかのカゴに絵本やシリコン製のブロックなど、遊んでいるときに大きな音が出ない玩具を用意するとよいでしょう。

目覚めている子どもにとってはあそびの時間

保育者からは「早く目覚めた子ども」ですが、子どもにとってはあそびの時間です。

玩具の音を確認しよう

眠りを妨げる音が出ない玩具を置いておくようにするとよいでしょう。

睡眠に関する園での工夫

0歳児 1歳児 2歳児
一人ひとり心地よい目覚めを！

入眠と同じように、目覚め方も一人ひとり違います。すっきりと目覚める子どももいれば、泣いたり、目覚めても布団（コット）でしばらく寝ていたい子どももいたりします。

保育の工夫
目覚めてほしい時間よりも少し前に、目覚めを促すようにカーテンを開けて柔らかい光を入れましょう。子どものそばに行き、間もなく目覚める時間になることを伝えてもよいでしょう。穏やかな雰囲気になるか、バタバタと忙しい時間になるかは、保育者の振る舞いや声の大きさによるところも大きいと思います。忙しい時間こそ、保育者は動き方や声の大きさを意識したいものです。家庭での睡眠時間が影響しているようであれば、子どもの睡眠欲求がどうしたら満たされるのか、保護者と連携をとる必要があるでしょう。

目覚めの個性を捉えて援助しよう
目覚めたときに布団（コット）でごろごろしたい子ども、すぐに行動できる子どもなど目覚めにも個性があります。すぐに遊び始められる環境も準備できるといいですね。

着脱に関する発達

0歳 くらい

大人に着脱をしてもらいます。肌着やおむつを替えてもらう中で、気持ちよさに気付いていきます。1歳に近づくにつれ、脱ぎ着を意識し保育者に協力するような姿も見られます。

1歳 くらい

自分で帽子や靴などを脱げるようになります。また、靴下を自分で脱ごうとする姿や、ズボンやパンツを自分ではこうとする姿が見られるようになります。自分でしようとしているときに、保育者が手助けしようとすると、「ジブンデ！」と言って嫌がるときもあります。

2歳〜3歳 くらい

上の服を一人で脱げるようになります。また衣服の前後、表裏も分かるようになり、3歳になるとパンツを腰まで引き上げてはくこともできるようになります。

着脱に関する園での工夫

0歳児 1歳児 2歳児
着替えさせてもらう心地よさを感じられるように！

衣服の着脱は、寒暖に合わせて調節したり、汚れたときに新しい衣類に着替えたりと、その時々で意味合いが違います。衣服の着脱に関しては、手指の発達や個人差がありますがおおむね1歳頃から興味をもち始めます。例えば靴下を自分で脱ごうとしたり、ズボンの前側をあげようとしたりといった自分でしたがる姿も見られるようになってきます。3歳近くになると、遊んだり、食事をしたりして衣服が汚れたら、自分で気付くようになってきます。汚れに気付くのは、着脱の自立への一歩です。

保育の工夫
着替えは、大人の感覚で手早く進めてしまうのではなく、子どもとやり取りをしながら行ないたいものです。大人にしてもらったように身についていきます。
また、子どもがやりたがったり、できるようになったりしても、保育者が確認をして整えてあげることは必要な援助です。

子どもが自分でやりたがるようになる時期には、クラスで一つではなく、数人で一つという風に分割できるような入れ物がおすすめです。

入れ物の工夫

清潔を保てる工夫

イスに掛けてあるタオルは頻繁に交換できるようになっています。
子どもの素肌に触れるものは、衛生的で、肌触りが良いものがよいでしょう。

0歳児 1歳児 2歳児
あそびにつながることから始めよう

着替えは、保育者が丁寧に行なうことから始まり、成長と共に子どもも着替えに参加するようになります。その先に自分なりに行なおうとする自立へつながっていきます。

保育の工夫　戸外にあそびに行くときに、帽子をかぶったり、靴下を履いたりすることは、どの園でもあるでしょう。子どもにとって楽しいあそびにつながる行為から、着替えに親しむことができるとよいのではないでしょうか。あそびに出掛けるときには、自ら手に取りやすい入れ物を、子どもの手が届く所に置いておくとよいでしょう。

上着の工夫
子どもたちが洗濯バサミで遊ぶことが好きな時期に、引っ掛けるのではなく、洗濯バサミで挟むことができる手作りの上着掛けを作っている園もあります。

帽子入れの工夫
出したり、入れたりするのが好きな時期に、子ども自身が出し入れしやすい位置にポケット式の入れ物を用意しています。

着脱に関する園での工夫

> 0歳児 1歳児 2歳児
> ## 季節、活動により着替えをすることを知らせる

暑いときには薄着になったり、寒い時期に戸外に出るときは上着を着たりするなど、場や季節に適した服装があることを、生活を通して子どもに知らせていきます。

保育の工夫
「今日は暑いね。お洋服脱ごうね」と状況と着替えについて声を掛けたり、「今日は風が強くて寒いね。先生も上着着ようかな。○○ちゃんもどうですか?」など、子どもの意識が自分の衣服に向いたり、行為につながったりするような働き掛けをしましょう。

なぜ着たり、脱いだりするのか伝えよう

「寒いから着る」「暑いから脱ぐ」ということを子ども自身が判断してできるようになるために、声を掛けながら援助をしたいものです。

清潔に関する発達

12か月 くらいまで

新陳代謝が激しく、よく汗をかきます。保育者におむつを替えてもらったり、沐浴して拭いてもらったり歯を磨いてもらうことで心地よさを感じ、おむつが汚れると泣いて知らせます。

1歳～2歳 くらい

うまくできないことも多いですが、自分で手を洗おうとしたり、おしぼりで口や顔を拭こうとしたりします。また、片付けをあそびとして行なう中で、きれいになる気持ちよさに気付くこともあります。

2歳～3歳 くらい

清潔になると喜んだり、パンツがぬれると保育者に知らせたりします。鼻水も徐々に自分で拭けるようになり、3歳になると鼻をかもうとするようにもなります。

清潔に関する園での工夫

[0歳児] [1歳児] [2歳児]

子どもができるようになるまでのプロセスを丁寧に！

生活習慣が「身についた」とはどういった姿でしょうか。手を洗う、タオルで手を拭く、口の周りを拭う・・・園生活の中には多くの清潔に関する行為があります。急いでいると、ついバタバタしがちですし、大人の感覚で行なってしまいがちになります。多くの園で同じ悩みを抱えています。だからこそ、ゆっくりと関わることができる瞬間を大切にしましょう。

保育の工夫 保育者の援助は大人の感覚で行ないがちですが、子どもが習慣として身につけていくためには、子どもが行なうほどの強さ、速さを意識したいものです。もう一つ心掛けたいのは、子どもが驚いたり、不快に感じたりしないように急に行なわないことです。
子どもは興味・関心をもったことに対して、いつか自ら関わろうとします。生活習慣もまずは保育者に丁寧にしてもらうことから始めて、興味・関心が芽生えたときに挑戦してみるという個別性を大切にしましょう。

「みんな〜」「〇〇組さ〜ん」を減らそう

スペースに限りはありますが、遊んでいる途中で子どもを誘って生活のことを行なうと子ども同士の待ち時間は減ります。「みんな〜」と呼ぶのを減らしてみませんか？

保育の工夫 どの生活習慣も、将来的には身につけてほしいことなので「いつか、一人でできるようになるといいね」という願いはもって援助をしたり導いたりしていきます。保育者にゆとりがなくなると、「できるけど今日はお手伝いしてほしい」という子どもの気持ちを受け止めにくくなってしまいます。行為としてはできるけど、「今日は先生と一緒がいいな」という気持ちが受け止められることが、保育者への信頼感にもつながるように思います。ゆっくりと生活習慣を形成しましょう。

[0歳児] [1歳児] [2歳児]
保育者の姿から片付けの意味に気付いていく

保育室に玩具が散らかり、どうしたら子どもたちが片付けをするようになるのか悩んだことはありませんか？子どもの遊び方をよく観察してみましょう。好きなあそびが見つからずに玩具に触れて、その結果散らかるのと、あそびの場をつくりたくて、そこにある玩具を寄せたり、遊んだりしている過程で、玩具が散らかるのは質的に異なる散らかり方です。

歩行が安定するまでは、子どもの周囲の玩具で不要と思うものは保育者が片付けて構いません。成長と共に、遊んでいた物を置いて、他のあそびを始めたときには「これで遊ぶのかな？」と声を掛けてみましょう。もう遊ばないというときには、一緒に片付けたり、場合によっては保育者が「ここに置いておきますね」と元に戻す姿を見せてもよいでしょう。

日中子どもへ直接援助することを優先したいときには「ここに戻す」という緩い片付けでもよしとしましょう。

朝や帰り、それから子どもが寝ている時間などに整理整頓をしながら、手入れが必要な玩具を確認しましょう。

朝や帰りには整理整頓

いつでも子ども優先

保育者が率先して片付けながら、毎回同じ場所に片付けると、遊びたいときに探さなくてもよいことや、「片付けすると気持ちいいね。また遊ぼうね」と部屋が片付くと心地よいことを知らせていきましょう。「片付け」の意味を、生活を通して実感することが、主体的な片付けにつながります。

清潔に関する園での工夫

0歳児 1歳児 2歳児
子どもの手が届く所に置こう

「きれいにする」ということを子どもに知らせていくときに、汚れていることを知らせてから、保育者がきれいになるように援助していくと、行為の意味も分かりますし、子どもも見通しをもちやすくなります。

保育の工夫 子どもの育ちに合わせて、食事時に口を拭くタオル、ティッシュなど、子どもが必要な時に使える場所に置くようにしましょう。

子どもが使うための清潔の環境

子どもがいつでも使うことができるように、子どもの目線に合わせた位置に鏡とティッシュが置いてあります。

食事に関する発達

0〜6か月 くらい

生後4か月頃までは、ミルク（母乳）から栄養を摂取する時期です。生後3か月頃になると、授乳のリズムができてきます。

生後5か月頃「吸てつ反射」が消えて、液体に近いポタージュのような食べ物を飲み込むことができるようになります。

7〜12か月 くらい

いろいろな食材を経験する中で、舌で押し潰す咀嚼から、歯茎でかむ咀嚼へ変わってきます。

生後9か月頃から、離乳食を1日3回、おおむね決まった時間に食べるようになります。離乳食を食べた後のミルク（母乳）は、欲しがらなくなる子どももいます。

手で食べ物をつかみ、口に運ぼうとするようになります。

1歳〜2歳 くらい

ほとんどの栄養を食事から摂取するようになります。ミルク（母乳）を欲しがらず、離乳が順調で、心身の健康面でも問題がないようなら、卒業する子どももいます。1歳6か月を過ぎた頃から栄養としての授乳は必要なくなります。

上手持ちでスプーンが持てるようになります。

2歳〜3歳 くらい

1日3回の食事と1回の補食（おやつ）から栄養を摂取します。

歯が上下10本ずつ生えそろい、しっかりとかむことができるようになります。

食事に関する園での工夫

0歳児 1歳児
授乳・離乳に関する子どもの個性を理解しよう

授乳や離乳に関することは、厚生労働省から示されています。授乳・離乳ともに、子どもなりの個性があるからこそ、基準となるよりどころがあると安心です。小児科や乳幼児健診でも、このガイドに沿って指導助言が行なわれています。家庭との連携や園での方向性を決めるときにも参考になります。

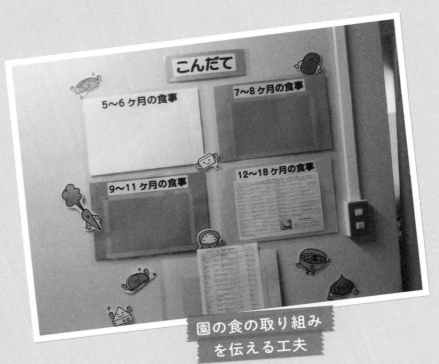

園の食の取り組みを伝える工夫

園でどのような食を提供しているのか、保護者に掲示を通して伝える工夫をしている園もあります。

0歳児
子どもの様子から授乳の時間を検討しよう

『授乳・離乳の支援ガイド』によると、母乳の胃内停滞時間は約90分、育児用ミルクは約180分と差があります。個人差や体調によっても変わりますが、朝登園する前に母乳を飲んできたのか、育児用ミルクを飲んできたのかで、子どもが空腹を感じる時間に差が生じると考えられます。

保育の工夫

決めた時間の授乳まで待てなくて、あそびを楽しめなかったり、授乳時間にあまり飲みたい様子が見られなかったりすることが続くようなら、登園前の授乳を確認して、時間を前後に調整することを検討してもよいでしょう。

授乳の情報を確認しやすくまとめよう！

子ども一人ひとりが健やかに過ごすための情報を、保育に活用できるようにする一方で、来訪者からは見えないように配慮しましょう。

食事に関する園での工夫

0歳児
離乳食の後に授乳がベスト！

離乳食とミルクの順番は、先に離乳食を食べて、その後に授乳をするの原則ですが、先にミルクを欲しがる子どももいます。

保育の工夫

ミルクを先に欲しがり、泣いて離乳食を食べることができないことが続くようなら、食べ始める時間を少し早めてみると良いでしょう。それでも先にミルクを欲しがるときには、先に授乳をしても構いませんが、ここで全量飲んでしまうと離乳食が食べられないこともあります。
1回の授乳量の半分くらいを授乳して、子どもが満足したら、離乳食を食べるという方法を試してみましょう。離乳食後、ミルクを求めるなら、残り半量を調乳して、授乳するとよいでしょう。

授乳環境の工夫

ある園の授乳スペースの写真です。授乳をするのは保育者が主になりますが、時には保護者が使うこともあるでしょう。ガーゼや哺乳瓶を置くことができるテーブル、授乳時に座るイス、つい立てが用意されています。落ち着いて飲める環境を整えましょう。

0歳児
離乳食後のミルクを欲しがらなくなったら、降園時にしっかり伝達を！

離乳食が進んできて、1日3回離乳食を食べるようになると、離乳食後のミルクを欲しがらなくなる子どももいます。機嫌も良く、欲しがらず、順調に成長していれば無理に与えなくてもよいと言われています。ただし、1歳未満は、離乳食の後以外にも授乳が必要とされています。

保育の工夫
哺乳瓶を嫌がるようであれば、ミルクをコップに注いで離乳食の後に提供するといった方法もあります。日中の離乳食後にミルクを飲まなかった日は、降園時にしっかりとその状況を保護者に伝えましょう。
授乳・離乳は、個人差も大きいので、日頃園で食べる様子などを伝えながら、家庭と現状や方向性を話し合うことが大切です。

育ちに合わせた食具
子どもの食べ方をよく観察して、スプーンをはじめとする食具も口腔内の成長に合わせて選びましょう。

食事に関する園での工夫

0歳児
子どもの食べる様子をよく観察しよう

離乳食は歯や舌の動きの発達に合わせて、料理の素材、調理法、食具などが変化していきます。園には大まかな離乳の進行予定があるでしょう。離乳は咀嚼や嚥下(えんげ)の練習に加えて、いろいろな食材や味に出会っていく繊細な過程です。

保育の工夫
子どもが食べ物を口に入れようとしなかったり、一旦口に入れた食べ物を出したりするときには、なぜ口にしようとしないのかを考えてみましょう。好きな味であっても、その日の食材の形状がイヤなこともあるでしょうし、そのときには口にしたくないということもあるでしょう。子どもが好む食材に苦手な食材を混ぜるなど工夫を施しますが、無理強いをするのはやめましょう。

子どもの様子をよく見よう
保育者は子どもの表情、口の動き、食具の持ち方など、よく見える位置に座るようにしましょう。

[0歳児] [1歳児]

手づかみ食べを大切にしながら、保育者は適切な援助を！

1歳6か月頃までは、子どもが手づかみ食べを十分にできるようにしましょう。これを十分に経験しておくことで、後に食具を持つ、口に運ぶということにつながっていきます。

保育の工夫 保育者は、手づかみ食べをする子どもの姿を見守りながら、食具で食べ物を適量すくい、子どもの口元に運びましょう。保育者が口に運んだときに、イヤという意思表示をしたら、無理強いするのはやめましょう。食事は毎日のことですから、子どもにとって幸せな時間になるように、一人ひとりへの丁寧な関わりを実践したいものです。

食事の援助をしよう

食具を持つようになってからも食事の援助は必要です。食具や口を拭くためのおしぼりなどを準備して、立ち歩かなくてもよいようにしましょう。

保育の工夫 手づかみ食べから食具へは、メニューを見ながら食具の方が食べやすい食べ物は、食具で食べてみるように促したり、保育者が食具にのせて手渡してみたりして移行していきましょう。徐々に自分で食具を持って口に運ぶ経験を増やしていくとよいですね。

食事に関する園での工夫

> 0歳児 1歳児 2歳児
> # 「食べる」を多様な視点で捉えよう

「食べる」というのは、食事をどれくらい食べたかという摂取量の他、姿勢、食べ物を持つ手指、口への運び方、咀嚼の仕方など、とても多様な視点があります。保育者は、いろいろな視点で子どもの「食べる」姿を捉えて援助に生かしましょう。

子どもに適切な援助をしよう

子どもが一人で食べたがるときに、子どもの主体性を大切にするということで、任せ過ぎてしまうと、食べこぼしなどでひどい状態になってしまうことがあります。一口の量が多ければ減らしてあげたり、口の周辺が汚れていたら拭いてあげたり、様々な視点からの援助をしましょう。

[0歳児] [1歳児] [2歳児]
手づかみ食べから食具へ

子どもがスプーンを持ったときに、持ち手の先端を握っていることがあります。そのようなときには、正しい位置を持つ方が食べやすいことを伝えましょう。

保育の工夫
食具にもスプーン、フォーク、箸などいろいろな種類があります。まずは、スプーンやフォークなど子どもが扱いやすい食具を通して、今日は「シチューだからスプーンがぴったりだね」など食べ物と食具の組み合わせについて気付いていけるように、保育者が声を掛けて知らせていきましょう。

食事中、隣に座る子どもと腕がぶつからない程度に離れて座ることができるようにしましょう。

食事に必要な広さを考えてみよう

食具にのせる適量を知らせよう

子どもが食べ物をすくうと、スプーンに山盛りになりがちです。口に入れる適量は保育者が知らせていく必要があります。

食事に関する園での工夫

> 0歳児　1歳児　2歳児
>
> # 完食を目的にするのはやめよう

気分や体調で食べる気持ちは変わりますし、メニュー、見た目、味など多様な要素で「イヤ」「イラナイ」となることが頻繁にあるのが、0・1・2歳児の食事です。

舌にある味を感じる「味蕾」は、成長と共に減っていきます。また、幼児期になり、野菜を栽培したり、収穫したりすることで身近に感じる食材が増えるなど、食の経験を重ねることによっても食べられる物は変化していきます。全量を食べさせようとすること、好き嫌いさせないことが優先される食事は、子どもにとっては保育者への不信につながりますし、保育者にとっても辛い食事の時間になってしまいます。

保育の工夫　一人ひとりの「お腹いっぱい」はどの程度の量なのか、毎日の保育の中で確認しておくことが大切です。また、子どもが好きな物を食べる一方で、保育者が「これもおいしいよ」「さっぱりするよ。食べてみる？」など、子どもが手をつけないメニューに気付いたり、関心を寄せたりするきっかけをつくるのも保育者の大切な役割です。

一人ひとり 適量は違う

日頃の様子から、その子どもの適量を捉えましょう。規定の量があっても、柔軟に対応することが大切です。

[0歳児] [1歳児] [2歳児]

保育者の立ち歩きを減らす工夫をしよう！

食事をしている子どものそばで援助をする必要性は分かっていても、何かと立ち歩かなくてはいけないことも多いものです。立ち歩くのはなぜでしょうか？ 手元に置けるものは用意しておいたり、置き場所を変えたりしてみましょう。

保育の工夫

テーブルや必要な物品の位置を一度変えてみて、元の方がよいと思うこともあります。そのようなときには、元に戻してもよいと思います。それは後戻りではなく、「今はこれでいいね」という前向きな気付きといえます。
「子どもが心地よく」「子どもが楽しく」という目的はどの園でも同じですが、その方法は多様でよいと思います。子どものことをよく見る、工夫できるところはないか話し合うということが、保育者の力量を高めていくことにつながっています。

立ち歩く原因を探してみよう

食事をしているときに子どものそばから離れたり、立ち歩いたりすることがあれば、それはなぜなのか確認してみましょう。0・1・2歳の食事は保育者の援助が必要です。

食事に関する園での工夫

> 0歳児 1歳児 2歳児
> # イス&姿勢をチェック!

支えがなくても、どこかにもたれたりしないで座ることができるようになったら、一人でイスに座って食事をするようにしましょう。子どもの体格はそれぞれ違います。「食べる」というのは量、食具の使い方、口や舌の動き、飲み込み、そして何よりも「気持ちが満たされる食事」であることが大切です。その基本となる、環境は保育者が意識して整えたいものです。

保育の工夫
子どもなりに腕や手を動かして食べることができるように、隣に座る子どもとの距離は十分にあるか確認してみましょう。「座る」のと「食事をする」のでは、必要な広さが変わります。
足が床に着いていない場合は、台やバスマットを切った物で調節をして、足が着くようにしましょう。また、子どもの肘よりも机が高いと食べにくいので、イスを変えたり、座面を調整するとよいでしょう。

園にある物で工夫をしよう
保育者が個人で工夫できるのは、保育の流れや物の置き方です。一斉に全員が食べていたのを、テーブルを半数にしてみるなど、できる範囲で工夫をしてみましょう。

排せつに関する発達

0～6か月 くらい

膀胱（ぼうこう）に尿をためることは難しく、意思とは関係なく、1日約20回程度排尿します。
おむつがぬれると泣いて知らせます。

7～12か月 くらい

1回の尿量が増し、排尿回数が減ってきます。1歳近くになると、排尿の間隔が長くなり、1日当たり10～16回となります。

1歳～2歳 くらい

尿を膀胱にためておけるようになってきます。排尿のコントロールはできませんが、2歳に近くなってくると個人差はありますが尿意を感じるようになってきます。
1歳6か月くらいになると、排尿回数はおおよそ1日10回程度になってきます。
おむつがぬれると知らせるようになる子どももいます。

2歳～3歳 くらい

尿をある程度まとめて排尿することが可能になります。
1日の排尿回数が6～8回程度になってきます。
3歳に近くなってくると、「おしっこがしたい」と尿意を感じてからおしっこが出るようになります。

排せつに関する園での工夫

0歳児 1歳児 2歳児
子どもが落ち着ける環境をつくろう

どの園でも、出入り口や動線、食事をする場所との距離などを考え、おむつを替える場を設定していることと思います。子どもにとって身近な大人におむつを替えてもらうという保育行為は、日に何度もあることです。子どもが「自分は大切にされている」と感じられる、質のよい関わりの場面になることが理想です。

保育の工夫
子どもが落ち着いて過ごすことができるように、可能な範囲で他者からの目線を遮ることができる工夫をしましょう。消毒ができるつい立てや、洗うことができるカーテンなどを用いると、衛生面でも安心です。

トイレの環境設定
トイレは清潔を保つだけでなく、子どもが行くことを嫌がらない工夫も必要です。寒い地方では暖房器具を置いたり、着替えスペースにホットカーペットを敷くなどの工夫をしています。

子どもへの配慮
おむつを替えてもらう子どもも周囲の目線を感じることのないような環境をつくれるとよいでしょう。

0歳児 1歳児 2歳児

声を掛けながらおむつを替えよう

「おむつを替える」ということを子どもの視点から捉えると、あおむけの姿勢に寝る、おむつを替えるために着衣を脱がせてもらう、おむつをはずしてもらう、新しいおむつにしてもらう、抱き上げられるなど、幾つかの動作が連なっています。保育者は複数の子どものおむつを替えることになりますが、子どもにとっては保育者と個別的に関わることができる時間です。

保育の工夫
子どもが驚いたり、どんな意味があるのか分からないままされたりすることがないように、保育者は子どもの気持ちを考えながら、声を掛けておむつを替えましょう。次第に子ども自身が身につけていく習慣も、一つひとつ意味があるのだと知っていきます。保育者の小さな心掛けも、子どもへの影響はとても大きいと思います。

寝転んでおむつを替える時期には、寝転んだときに見える位置に鏡を設置したり、座るようになったらイスを準備するなど、成長に合わせて環境を工夫しましょう。

成長に合わせた工夫

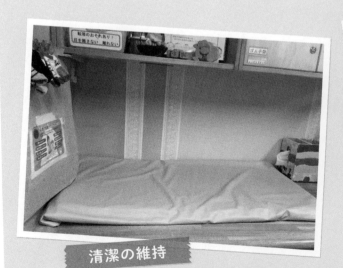

清潔の維持
おむつを替える場所は落ち着ける環境であると同時に、衛生的である必要があります。保育者が使う用品などは子どもの手が届かない所に置くようにしましょう。

排せつに関する園での工夫

`0歳児` `1歳児` `2歳児`
おむつ替え、トイレへの誘い方

生活場面でも子どもの主体性は大切にしたいものです。排尿するときにそれと分かるしぐさをしたり、おむつがぬれると教えてくれる子どももいますが、おむつがぬれていないか、保育者が確認をすることも多いと思います。急におむつを覗かれると、子どもも驚いてしまいます。

保育の工夫 子どもに声を掛けてから、おむつを確認するように配慮をしましょう。自らトイレに行き、排せつをするようになるまでの過程では、保育者がトイレに誘うこともあるでしょう。そのようなときも、保育者が子どものそばに行き、トイレに行かなくてもよいか、声を掛けるようにするとよいでしょう。

2歳児のトイレの工夫

自らトイレに行くようになる時期です。保育者は付き添いますが、子ども自身が行き来したり、身だしなみを整えたりできるように環境を整えましょう。

1歳児のトイレの工夫

トイレが遊ぶ場所でないことは学んでいきますが、探索好きな1歳児クラスの子どもたちのために、コーティングされた紙で楽しい便器の蓋が作られています。

[0歳児] [1歳児] [2歳児]
園で処理をする場合は登園時のおむつの枚数を決める

おむつの処理の方法が、保護者の持ち帰りから園で処理をするという方向に変わりつつあります。保護者が、布おむつと紙おむつの選択をする園もあれば、園の方針で布おむつという園もありますが、家庭から紙おむつを持参するという園が多いのではないでしょうか。

保育の工夫
おむつを使うときに記述をする園もあるようですが、日に何度もあることですから、その時間がわずかであっても子どもから目を離すことになります。例えば、登園したときに、決めた枚数を用意していただくと、お迎えの際に減っているのが使用した枚数だと理解していただけます。

おむつの工夫
保護者がおむつを持ち帰る園は減る傾向にあります。使った枚数を報告するよりも、あらかじめ決まった枚数を用意してもらい、帰りに使用枚数を確認してもらうとよいでしょう。

朝の受け入れに関する園での工夫

0歳児 1歳児 2歳児

どの時間帯に登園する子どもも穏やかな始まりを

時間によって、子どもが日中過ごす保育室とは違った場に登園することや、担任の保育者が不在のこともあります。また、朝のおやつを終えた頃に登園する子どももいるでしょう。いつも忙しそうな急かした雰囲気での迎え入れになってはいないでしょうか？

保育所や認定こども園の0・1・2歳児クラスの子どもたちの保育時間は、それぞれの事情により異なっています。

毎日のように登園する子どもたちのことを考えると、前向きな気持ちの日もあればそうでない日もあります。もしかしたら、保護者の方も同じかもしれません。

保育所やこども園は、子どものことはもちろん、どんな自分でも穏やかに受け入れてもらえる、親子にとって安心できる場になっていけると良いと思います。まずは子どもと保護者に挨拶をして、待っていましたよという気持ちを伝えましょう。保育者が子どもを受け入れる姿を確認することで、保護者は安心することができます。

保護者への配慮

登園してきた保護者に保育者の居場所が分かりやすい表示の工夫がされています。

[0歳児] [1歳児] [2歳児]
その日の保育で配慮する情報のやり取りをしよう

保護者の方には、登園時はその日の保育で配慮してほしいこと、例えば体調のことやいつもとお迎えの時間が異なることなど、いつもと違うことを中心に伝えてもらうようにするとよいでしょう。保護者からの連絡がもれてしまうと、子どもの保育に影響があるだけではなく、園への信頼を損ねることにつながることもあります。保護者からの連絡などは保育者同士では確認したいのですが、他の保護者から見えるのは困ることもあります。限られた保育室内ではありますが、保護者が主に使うスペース、保育の遂行に必要な情報を管理する保育者のスペースを意識して分けるとよいでしょう。

保護者が必要な情報を分かりやすく

保護者が使うスペースには、保護者が必要とする情報を写真や図を使って分かりやすく掲示しましょう。文字だけに頼らず様々な国籍の人でも読めるように意識すると、誰にでも役立つ物になります。

お迎えの時間に関する園での工夫

`0歳児` `1歳児` `2歳児`

子どもと保護者が気持ちよく帰宅できるように支えよう

夕方のお迎えが多い時間帯、何度も保育室の戸が開いて、子どものあそびがその度に中断されるということになっていないでしょうか。保育者が少なくなる時間帯でもありますし、一緒に遊んでいた保育者は立ち上がって目の前からいなくなるということが繰り返されがちにもなります。子どもの様子を見ながら声を掛けてから離れるなど、迎えを待つ子どもにとっては遊びながら過ごせるように配慮したいものです。

また、子どもと同様に保護者の方にも受容的に関わることで信頼関係を築いていきたいものです。保護者の方が保育室を出るときには、子どもにも保護者にも挨拶をして送り出しましょう。小さなことですが、意識をしてどの時間にお迎えにいらっしゃる方にでも行なっていくことはとても大切です。

文書配布の決まりを確認しよう

ウォールポケットには、全員に配布するものを入れるようにしている園もあります。間違えて他の保護者に渡ってしまうと、「個人情報の流出」という大事になってしまいます。

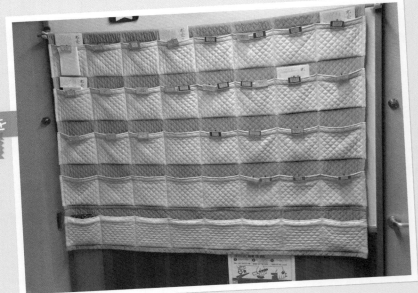

[0歳児] [1歳児] [2歳児]
最後の確認をしっかり！

連絡帳の記入は日中にできればよいのですが、バタバタと慌ただしく過ぎる日もあります。そんな日ほど、連絡帳に記入漏れがないか確認をしましょう。また、着替えた衣類などは、簡単でもよいので汚れを落としてたたんでしまっておくことも大切です。子どもに直接関わることが、保育では優先されるべきですが、自分が用意したものを子どもが使っている、保育者にも大切に扱われていると感じることは、保護者にもきっと伝わります。

保護者の立場を考えてみよう

直接のコミュニケーションが基本ですが、園生活が初めての保護者の立場になって、誰にでも分かるように連絡帳の書き方を職員間で共有している園もあります。

0・1・2歳児の保護者対応

日々のやり取りを大切にしよう

送迎時や連絡帳を通して、日々の子どもの姿を伝えたり、何げない保護者とのやり取りを大切にしたりすることが、園や保育者への信頼と親しみにつながります。そうした積み重ねがあると、何かうれしい成長が見られたとき、困り事があるときなどに、子どものことを話したい相手として保育者が選ばれるのだと思います。

朝は元気な笑顔で挨拶！

子どもが認められると、保護者もうれしいものです

ちょっと元気がないかな？と思ったら声を掛けてみましょう

保護者にとって家庭での子どもの様子を聞いてもらえる存在は、とても重要です

あしたの保育も楽しみに、元気にさようなら

信頼される保育者になるために

新任の先生やその園に転職したばかりの先生は、保護者にいろいろ質問をされると間違いのない対応をしなくてはいけないと緊張するかもしれません。

慌てずに話を聞こう

名前が分からないときは、自分の名前を名乗ってから、もう一度尋ねよう

信頼される保育者になるために

聞くだけでよいことなのか、対応が必要なことなのかを考えよう

園の中でいつ、どのように共有・報告するか考えよう

● その場で回答・対応できなければ、
時間がかかることを伝えよう

● 他児や保護者の個人情報の漏えいに配慮しよう

信頼される保育者になるために

● 嘘をついたり、隠したりしないで共有・報告しよう

● 自分の感想や推測を交えずに、
ありのままを上司や同僚に共有・報告しよう

連絡帳の役割を考えてみよう

連絡帳の在り方も時代とともに変わってきています。連絡帳に決まった定義はありません。0歳児・1歳児クラスで多く用いられていることから、連絡帳は、家庭と園双方で、授乳や離乳食の摂取時間と量、睡眠時間、排せつ、体温、機嫌などの情報を共有して、保健的な視点でも手厚い援助が必要な時期の子どもが健やかに過ごすことができるようになるためのものと考えることもできます。いずれにしても、連絡帳を記述する年齢の担任になったら、その園では連絡帳にどのような役割があるのか確認してみましょう。目的が明確だと、記述が負担にならないように様式変更したり、IT化するときにも、何を削減し、何を残すのか取捨選択しやすいでしょう。

連絡帳の書き方再確認！

連絡帳に記された内容は園の考えとして受け止められ、一度書いた内容を簡単に取り消すことはできません。連絡帳は園として保護者の方へ発信する「公的な書類」であることを忘れてはいけません。一方で、具体的にどのような保育を行っているのか、子どもの姿と保育の工夫を伝えることができる貴重なツールでもあります。

- 子どもの様子を具体的に、前向きな表現で書きましょう
- 事故やケガに関することは安易に記入せず、口頭で伝えましょう
- 言葉遣いや誤解を招く表現には注意しましょう
- たくさん書きたいことがあっても枠内に収めましょう
- 他の子どもやきょうだいと比較した記述はしないようにしましょう

伊瀬玲奈
和洋女子大学人文学部こども発達学科准教授

専門は保育学。保育所、幼稚園における保育経験の後、大学院に進学、東京未来大学講師を経て現職。保育所・こども園を訪問し、実践研究を積み重ねている。著書に『0.1.2歳児保育「あたりまえ」を見直したら保育はもっとよくなる！(学研プラス)』(共著) などがある。

金元あゆみ
相模女子大学学芸学部子ども教育学科講師

専門は保育学、幼児教育学。保育所における保育経験の後、大学院に進学、昭和女子大学助教を経て現職。現在は、地域の保育所と連携して、共に育ち合う保育者養成・育成を探究している。著書に『保育と心理臨床をつなぐ(ミネルヴァ書房)』(共著) などがある。

【企画協力】
鈴木みゆき

【執筆者一覧】
青戸福祉保育園 (園長・小島明子　太田希絵　菅原舞　末廣明子) 東京都葛飾区
中青戸保育園 (馬弓アキ) 東京都葛飾区
青戸もも保育園 (都築亜季) 東京都葛飾区
青戸ひだまり保育園 (小林幸子) 東京都葛飾区
(所属・肩書は執筆時)

【わらべうた・手あそび監修】
植田光子

【写真協力】
キッズタウンむかいはら保育園　青戸福祉保育園
ことぶきこども園　相模女子大学 (宮本 萌恵
須田裕貴子)

STAFF
本文デザイン● mogmog Inc.
イラスト● 町田里美　菊地清美　とみたみはる
　　　　　Meriko　にしださとこ　なかのまいこ
　　　　　中小路ムツヨ　みやれいこ
楽譜● 株式会社クラフトーン
編集協力・DTP・校正● 株式会社エディポック
企画・編集● 安部鷹彦　山田聖子　北山文雄

年齢別保育資料シリーズ
0歳児のあそび

2019年3月　初版発行

編著者　伊瀬玲奈　金元あゆみ
発行人　岡本 功
発行所　ひかりのくに株式会社
　〒543-0001　大阪市天王寺区上本町3-2-14
　TEL06-6768-1155　郵便振替00920-2-118855

　〒175-0082　東京都板橋区高島平6-1-1
　TEL03-3979-3112　郵便振替00150-0-30666
　ホームページアドレス　http://www.hikarinokuni.co.jp
印刷所　図書印刷株式会社

©2019 HIKARINOKUNI　　　　Printed in Japan
乱丁・落丁はお取り替えいたします。　ISBN978-4-564-61560-3
JASRAC　出　1901584-901　　NDC376　224P　26×21cm

本書のコピー、スキャン、デジタル化等の無断複製は著作権法上での例外を除き禁じられています。本書を代行業者等の第三者に依頼してスキャンやデジタル化することは、たとえ個人や家庭内の利用であっても著作権法上認められておりません。